할 수 있도록 하라.

이런 말이 있다.

"세상만사의 이치를 깨닫기 위해 연구하는 것이 학문이며, 사람들 사이의 감정을 이해하고 다스리는 것이 곧 문장이다."

요컨대 올바른 사람이 되려면 배움과 실천이 조화를 이루도록 노력해야 한다. 또한 지혜와 탁월한 처세술을 두루 갖춰 주변 사람들과 원만한 관계를 유지하고, 골치 아픈 문제로 인한 수고와 불편을 없애 낭비하는 시간 없이 자아실현에 힘써야 한다.

이 책은 우리가 일상생활에서 쉽게 접할 수 있는 상황과 역사적인 사실 등을 인용하여 다양하고 풍성한 교훈을 전하고 있다. 특히 시대와 공간을 초월해 널리 알려진 친숙한 이야기가 많아 누구나 쉽게 처세철학과 인생의 지혜를 이해할 수 있을 것이다. 이 안에 담긴 교훈을 정확히 이해한다면 실제 생활에서도 큰 이익을 얻을 것이 분명하다.

처세술은 단순한 지식이 아니다. 우리는 이것을 활용하여 경제적인 부를 쌓고, 사회적인 명성을 드높일 수 있으며, 사랑을 쟁취할 수도 있다. 그리하여 평범하고 무미조건한 우리의 일상을 행복으로 가득 채울 수 있다.

처세술이란 뛰어난 기술과 깊은 연구가 필요한 학문이라고 할 수 있다. 많은 사람이 올바른 처세술을 터득하기 위해 평생 노력하지만 안타깝게도 대부분은 그 진리를 깨닫지 못한다. 그래서 자기 꾀에 빠져 자신을 학대하면서 끊임없이 힘들고 분주하게 뛰어다니지만 결국 별다른 성과를 얻지 못한 채 삶을 마감하는 경우가 아주 많다. 또한 너무 뛰어난 재능 때문에 오히려 뜻을 펼칠 기회를 얻지 못하여 일생을 불우하고 우울하게 보내는 경우도 있다.

세상에서 위인 혹은 성인으로 불리는 사람은 극히 일부분이다. 즉, 우리는 대부분 평범한 사람들이다. 그래서 쉽사리 혼란과 절망에 빠져 자신

오늘도 영원히 살 것처럼 살고 있는가

做人百忌

오늘도 영원히 살 것처럼 살고 있는가

초판 1쇄 인쇄 2021년 11월 1일
초판 1쇄 발행 2021년 11월 11일

지은이 | 스샤오옌
옮긴이 | 양성희
펴낸이 | 박찬근
펴낸곳 | 주식회사 다연
주   소 | (10477) 경기도 고양시 덕양구 은빛로 41, 502호
전   화 | 070-8700-8767
팩   스 | 031-814-8769
메   일 | judayeonbook@naver.com

편집 | 미토스
본문디자인 | 서진원
표지디자인 | 강희연

ⓒ 주식회사 다연

ISBN 979-11-972921-9-4 (03320)

* 잘못 만들어진 책은 구입처에서 교환 가능합니다.

오늘도 영원히 살 것처럼
살고 있는가

스샤오옌 지음 | 양성희 옮김

(주)다연
DAYEONBOOK

우리는 대부분 평범한 사람들이다.
그래서 쉽사리 혼란과 절망에 빠져 자신이 갈 길을 스스로
정하지 못할 때가 많다.

이 책은 어두운 밤하늘에 반짝이는 북두칠성처럼 방황하는
모든 이에게 정확한 방향과 바른 길을 알려줄 것이다.

오늘도 영원히 살 것처럼 살고 있는가

사람은 미완성된 존재로 태어나 자신을 완성해가야 한다. 그러나 그 과정이 결코 쉽지 않음을 당신도 잘 알고 있으리라. 제대로 된 사람 노릇을 하기란 얼마나 어려운가! 특히 모두에게 사랑받는 사람이 되기란 더더욱 어렵다.

사람이 이 세상에 사는 동안 반드시 해야 할 일이 두 가지 있다. 하나는 자신을 완성하는 것이고, 다른 하나는 사회적으로 성공하는 것이다. 이는 사회라는 테두리 안에서 살아가는 사람이라면 누구나 완수해야 할 숙명이요 현실이다.

그런데 올바른 사람이 된다고 해서 반드시 사회적으로 성공하는 것은 아니다. 또한 성공을 일군 사람이 꼭 올바른 됨됨이를 갖추었다고도 할 수 없다. 이 두 가지는 분명 밀접하게 관련되어 있으나 간단히 등식으로 성립되지는 않는다. 올바른 사람이 성공하지 못했다면 이는 분명 불완전한 상태이고, 사회적으로 성공했으나 그 됨됨이가 바르지 못하다면 언젠가 큰 과오를 범해 성공의 타이틀을 반납하게 될지도 모른다.

완벽한 인간이 되고 싶은가? 그렇다면 이 두 가지가 서로 보완 작용을 이 갈 길을 스스로 정하지 못할 때가 많다. 특히 자기 생각만 고집하는 사람은 어두운 미로에서 제자리만 맴돌 뿐 영원히 출구를 찾지 못할 수도 있다. 이 책은 어두운 밤하늘에 반짝이는 북두칠성처럼 방황하는 모든 이에게 정확한 방향과 바른 길을 알려줄 것이다.

이 세상에 사람이 할 수 없는 일은 없다. 다만 우리가 어떻게 행동하느냐에 따라 그 일의 성패가 갈릴 뿐이다. 요컨대 우리는 어떤 상황에서든 '어떻게 행동할 것인가?', '어떤 일을 하지 말아야 하는가?'를 정확히 구분해야 한다. 부디 이 글을 통해 세상을 사는 방법을 배우고 익혀 멋진 인생을 살아가길 바란다.

스샤오옌

Contents

Chapter 1

인내하고
노력하는
삶

'사람은 매일 배우고 발전하지 않으면 매일 퇴보한다'라는 옛말이 있다.
역사적으로 위대한 인물들은 자신을 발전시키기 위해 끊임없이 도전하고 노력했기에 성공을 거둘 수 있었다.
늘 제자리에서 맴돌고 작은 성공에 만족하고 우쭐거리는 사람은 결국 도태될 수밖에 없다.

01
인생의 방향을 결정할 규칙을 세워라

모든 사람의 고유한 개성과 이미지 속에는 무한한 잠재력이 숨어 있다. 따라서 맹목적으로 다른 사람을 부러워하거나 모방할 필요가 없다. 남을 부러워하는 것은 무지 때문이다. 또한 맹목적인 모방은 자신의 개성을 말살시킬 수 있다. 아직 자신의 개성을 발견하지 못했더라도 그 존재 자체를 부정하지는 말아야 한다.

항상 공작처럼 되고 싶어 하는 참새가 있었다. 공작의 걸음걸이는 얼마나 우아한가! 공작이 고개를 쳐들고 꼬리 깃털을 펼치면 마치 아름다운 풍경화가 그려진 병풍을 펼친 듯하지 않은가!

"난 반드시 공작처럼 되고 말 테야. 그러면 모든 새가 나를 부러워하겠지?"

참새는 최대한 고개를 빼 높이 쳐들고 숨을 깊이 들이마셔 가슴을 한껏 부풀렸다. 그리고 꼬리 깃털을 펼치면서 멋진 '참새 병풍'을 상상했다. 또 참새는 공작의 걸음걸이를 흉내 내기 위해 팔자걸음으로 왔다 갔다 했다.

그러나 이 걸음걸이는 참새에게 맞지 않아 너무 힘이 들었다.

얼마 안 가 참새는 목과 다리가 너무 아파 죽을 지경이었다. 그러나 참새를 더욱 힘들게 하는 건 새까만 까마귀, 화려한 카나리아, 그리고 멍청해 보이는 오리까지도 모두 자신을 비웃는다는 사실이었다. 참새는 결국 공작이 되려던 꿈을 포기했다.

"더 이상 공작 놀음을 못하겠어. 나는 이미 공작이 되어도 충분할 만큼 노력했는데, 여전히 참새일 뿐이잖아."

참새는 공작처럼 되기를 포기하고 다시 원래 걸음걸이로 돌아가려고 했다. 그런데 아무리 걸으려고 애를 써도 걸을 수가 없었다. 그저 통통통통 뛰는 것밖에 할 수 없었다. 이렇게 해서 참새는 다른 새들처럼 걷지 못하고 통통 뛰어다니게 되었다고 한다.

미국의 어느 작가는 "이 세상의 모든 사람은 각기 그 사람만이 할 수 있는 무언가를 가지고 있다"라고 말했다. 개인의 성공 중 가장 가치 있는 것은 자신의 본성과 창조력을 발휘하여 새로운 세상을 만드는 것이다.

위대한 인물들의 성공을 살펴보면, 이들은 다른 사람이 이미 걸어간 길을 놔두고 새로운 길을 개척했다는 사실을 발견할 수 있다. 모든 성공의 배경에는 그 사람만의 독특한 개성이 있다. 성공한 사람들은 절대 다른 사람을 흉내 내거나 똑같은 경험을 되풀이하지 않는다.

A man has to have a code, a way of life to live by.

인간은 인생의 방향을 결정할 규칙을 가지고 있어야 한다.

미국의 컨트리 음악 가수 킴 오틀리는 막 연예계에 이름을 알리기 시작했을 때 어떻게든 텍사스 사투리를 고치고 싶었다. 그래서 그는 스스로를 뉴요커라 칭했지만 결국 주변 사람들의 비웃음만 사고 말았다. 일련의 좌절을 겪은 킴 오틀리는 다시 자신에게 맞는 방법을 찾기로 했다. 그는 기타를 연주하며 컨트리 송을 부르기 시작했고, 이때부터 음악 역사에 길이 남을 그의 예술 인생이 시작되었다. 그는 결국 전 세계 영화계와 방송계를 주름잡는 최고의 컨트리 음악 가수가 되었다.

메리 마가렛 맥브라이드는 처음 방송계에 발을 들여놓았을 때, 오로지 아일랜드 희극 배우 역할에만 집착했다. 그러나 그녀의 바람은 이루어지지 않았다. 얼마 후 그녀는 자기 개성에 맞는 새로운 인물을 만들어냈다. 그녀는 미저리 주에서 올라온 아주 평범한 시골 여자아이 역할을 훌륭히 소화해냈고, 최고의 연기자가 되었다.

채플린이 처음 영화에 출연했을 때, 감독은 그에게 당시 독일에서 가장 유명했던 한 코미디언을 흉내 내라고 요구했다. 그러나 채플린은 이런 상황에 굴하지 않고 자신만의 개성이 살아 있는 독특한 캐릭터를 만들어내 세계적인 스타가 되었다.

밥 호프는 연예계에 데뷔한 후, 여기저기 가리지 않고 최선을 다해 노래도 하고 춤도 추었지만 사람들의 기억에서 쉽게 잊혔다. 그러던 중 그는 자신의 유머 능력을 발견했고, 그때부터 코미디 배우로 명성을 떨치기 시작했다.

윌 로저스는 한 서커스단에서 대사 없는 올가미 연기를 하고 있었다. 그렇게 거의 10년 동안을 말없이 지내던 그는 우연히 자신의 탁월한 유머 능력을 발견했다. 이때부터 그는 재미있는 농담을 섞어가며 올가미 묘

기를 펼쳤고 얼마 후 유명한 희극 배우가 되었다.

다른 사람만 따라 하려는 사람은 영원히 자기 인생을 살지 못한다. 자신의 개성을 최대한 발휘할 수 있는 사람만이 타인과 다른 특별한 능력을 키울 수 있다.

헨리 포드는 이렇게 말했다.

"모든 포드 자동차는 완전히 똑같은 성능과 디자인으로 만들어지지만 이 차를 운전하는 사람들은 모두 제각기 다른 개성을 가지고 있다. 사람은 누구나 자신만의 인생을 누릴 자격이 있다. 하느님은 사람을 창조할 때 유일무이한 존재로 만들었다. 이 세상에 똑같은 사람은 없다. 젊은이들이여! 숨겨진 자신의 개성을 찾아라. 그리하여 타인과 다른 특별한 나를 만들어라. 자신의 잠재력을 최대한 밖으로 끌어내야 한다. 물론 이 과정에는 수많은 어려움이 있을 것이다. 특히 학교는 우리의 개성을 말살시키고 모든 사람을 똑같은 방식으로 규격화하려 하겠지만, 어느 누구도 우리 마음속에 타오르는 개성의 불꽃을 꺼지게 할 수는 없다. 개성이란 사람이 가지고 있는, 인간으로서의 가치를 보여주는 유일하고도 진실한 증거이다."

맹목적으로 다른 사람을 따라 하는 사람은 자신의 개성과 주관을 잃어버릴 수밖에 없다. 하지만 이 세상 어느 누구도 평생 다른 사람의 뒤꽁무니만 쫓아다니는 심부름꾼이 되고 싶지는 않을 것이다. 자신의 인생을 열고 싶다면 장점을 찾아 최대한 부각시켜 차별화된 개성을 키워야 한다.

살면서 다른 사람을 모방할 수는 있다. 그러나 맹목적으로 다른 사람과 똑같아지려는 행동은 피해야 한다. 그렇지 않으면 당신은 자아와 개성을 잃고 다른 누군가의 복제품이 되어 영원히 그 사람의 그늘 아래서 살아야 한다. 자신 있고 당당하게 진정한 자아를 실현하여 이 세상에 자신만의 발자취를 남겨라.

02
현명하고 지혜로운 선택을 하라

선택은 성공을 향한 인생 항로 곳곳에서 만나는 표지판이다. 자신의 능력에 걸맞은 길을 선택하는 지혜로운 사람만이 최종 목적지인 성공에 도달할 수 있다.

포기 역시 현명한 사람들의 지혜로운 선택이다. 언제 어떻게 포기해야 할지를 아는 사람은 모든 일을 순조롭게 진행해나갈 수 있다. 오늘날과 같은 복잡한 사회에서 올바른 선택을 하기 위해서는 먼저 버릴 줄 아는 지혜를 키워야 한다.

한 남자아이가 어려서 소아마비를 앓았다. 당시의 낙후된 의학 기술로는 이 아이의 병을 완벽하게 치료할 수 없었다. 불행히도 아이는 절름발이가 되고 말았다. 이 때문에 아이는 어른이 될 때까지 고통스럽고 불행한 삶을 살아야 했다. 일반적인 사람들의 시각에서 보면 이 아이는 항상 누군가의 도움을 받아야 할 장애인일 뿐이었다. 주변 사람들의 동정과 비웃음 그리고 차가운 시선을 받을 때마다 아이의 열등감은 더욱 커져만 갔다. 아이는 불편한 다리 때문에 인생을 포기하려는 생각도 했었다. 이 아이는 미국의 제32대 대통령이 된 프랭클린 루스벨트이다.

아주 거만한 남자가 있었다. 그는 항상 자기 생각이 옳다고 생각했고 제멋대로 행동했다. 그는 공공연히 반사회적 사상을 표출했고, 흉노의 포위 속에서 부득이하게 투항하지 않을 수 없었던 이릉 장군을 변호하다 황제인 무제의 분노를 샀다. 황제는 이 남자에게 본때를 보여줘야겠다고 생각했다. 만약 황제가 그의 목을 잘랐다면 그것으로 모든 것이 끝났을지 모른다. 그러나 황제는 아주 비열한 방법을 이용했다. 황제는 이 남자에게 궁형(생식기를 제거하는 형벌)을 선고했다. 이것은 남자에게는 죽음보다 못한 모욕이었다. 이 남자는 신체적으로나 정신적으로 더 이상 정상인이 아니었다. 그렇다고 해서 겉보기에 멀쩡한 그를 장애인이라고 부를 수도 없었다. 이 사람이 누구일까? 그는 바로 중국 최고의 역사가로 칭송받는 사마천이다.

부유한 곡물상의 둘째 아들로 태어났으나 곱사등 때문에 불행한 어린 시절을 보낸 사람이 있었다. 헝가리계 유대인인 그는 곱사등 때문에 행동도 불편했지만, 사람들이 괴물이라고 놀려대는 것에 크게 상처받았다. 그는 언제나 혼자서 외로움을 달래야 했다. 그와 세상 사이에는 도저히 뛰어넘을 수 없는 아주 커다란 강이 놓여 있었다. 그러나 어렸을 때 폐렴에 걸려 죽을 고비를 넘겼고 동생 또한 병으로 죽자 의사가 되기로 결심하였다. 이 사람은 바로 오스트리아의 정신의학자 알프레트 아들러이다.

이들 모두는 역사에 길이 남을 위대한 인물이 되었다. 루스벨트는 온 미국인의 마음속에, 끊임없는 투쟁 정신으로 세상의 모든 편견을 이겨낸 위대한 인물로 기억되고 있다. 사마천은 온 힘을 다해 중국 역사상 가장 뛰어난 저술로 평가되고 있는『사기』를 완성했다. 아들러는 비록 대중적으로 널리 알려지지는 않았지만, 심리학 분야에서 독자적인 성과를 일구었고, 성(性)본능을 중시하는 프로이트와 어깨를 나란히 했다.

이들의 성공에는 신체적 결함을 이겨냈다는 공통점이 있다. 특히 아들러는 '열등콤플렉스'라는 용어를 고안해내어 위대한 인물과 열등감이 아주 관계가 깊다고 주장했다. 위대한 인물들은 한때 깊은 열등감에 빠진 적이 있었으며, 그 열등감에 대한 보상심리의 작용으로 더 원대한 이상을 꿈꾸고 그것을 실현시켰다는 것이다.

평범한 농민 자오번산은 힘들고 큰일을 할 능력은 안 되고 하찮은 일은 하기 싫어해 입만 놀려대는 형편없는 인간이라는 비난을 받았다. 그러나 그는 가만히 앉아 기회가 찾아오기만을 기다리지는 않았다. 그는 사람들의 멸시에도 불구하고 당당히 희극인의 길을 선택했다. 그리고 명실상부한 소품(小品, 만담과 비슷한 장르)계의 일인자, 코미디의 황제가 되었다.

대만의 의사 출신 가수 겸 작곡가 뤄다유가 작곡한 '어린 시절', '연곡 1990' 등의 중국 전통가요는 수많은 중국인에게 큰 감동을 주었고 그 영향력은 대단했다. 뤄다유는 본래 의학을 전공하던 학생이었다. 어느 날 그는 넘치는 끼와 음악적 재능을 발견하고 의사의 길을 포기했다. 주변 사람 모두 그를 말렸지만 그는 결국 자신의 선택이 옳았음을 증명했다.

에어 조던이라 불리는 농구의 신 마이클 조던은 농구를 하기 전에 프로 야구 시카고 화이트삭스의 마이너리그인 버밍햄 배런스의 2군 선수였다. 그의 야구 실력은 아주 형편없었고 자신에게 화가 난 조던은 야구를 포기했다.

갈릴레이 역시 원치 않는 의학 공부를 한 적이 있었다. 그는 해부학과 생리학을 공부하는 도중에 혼자서 몰래 유클리드 기하학, 아르키메데스 수학이론을 공부하고 각종 복잡한 수학 문제를 연구했다. 그가 피사 대성당의 시계추를 보고 진자의 원리를 발견했을 때 그는 겨우 18세였다.

영국의 스트랫퍼드 어폰 에이번 시내에서 멀지 않은 곳에 토마스 루시 경의 대저택이 있었다. 어느 날 갓 스물을 넘긴 셰익스피어는 죽이 맞아 함께 어울리던 호사가들과 장총을 들고 루시 경의 정원에 몰래 숨어들어가 사슴 한 마리를 쏘아 죽였다. 셰익스피어는 그 자리에서 붙잡혀 하루 동안 갇혀 있었다. 이 하루 동안 셰익스피어는 온갖 모욕을 당했다. 그는 풀려난 후 곧바로 권력자를 소재로 한 신랄한 풍자시를 적어 루시 경의 저택 대문에 붙여놓았다. 이 일로 루시 경은 단단히 화가 났다. 그는 이런 불순한 시를 쓴 사슴 도둑을 가만 놔두지 않겠다며 당장 소송을 걸겠다고 공언했다. 셰익스피어는 더 이상 이 마을에 살 수 없다고 생각하고 런던으로 도망쳤다. 이 일을 두고 훗날 미국의 작가 워싱턴 어빙은 "스트랫퍼드 어폰 에이번은 보잘것없는 농촌 청년을 잃었지만, 세계는 위대한 시인을 얻었다"라고 말했다.

러시아의 유명한 오페라 가수 표도르 샬랴핀은 19세 때, 카잔 시의 한 극장 책임자를 만나 오디션을 보게 해달라고 간청했다. 당시 샬랴핀은 변

성기였기에 그의 오디션 결과는 엉망이었고 합창단에 들어가지 못했다. 그러나 몇 년 후 샬랴핀은 다른 곳에서 기회를 얻어 유명한 오페라 가수가 되었다. 어느 날 그는 우연히 작가 막심 고리키와 어린 시절 이야기를 하게 되었다. 그런데 샬랴핀의 이야기를 듣고 있던 고리키가 갑자기 크게 웃기 시작했다. 샬랴핀이 카잔 극장에서 고배를 마시던 바로 그때, 고리키 역시 그 합창단에 너무 들어가고 싶어서 오디션을 봤고 합격했었다. 그러나 얼마 후 고리키는 자신이 노래에 재능이 없다는 사실을 깨닫고 합창단을 그만두었던 것이다.

50대 중반의 영국인 퇴역 장교 마이크 라이언은 한때 탐험가로 활동한 적이 있었다. 1976년 그는 탐험대를 이끌고 에베레스트 등정에 성공했다. 그러나 산을 내려오던 중 예상치 못한 강한 눈보라를 만났다. 한 걸음 떼어놓기도 매우 힘든 상황이었다. 게다가 눈보라는 전혀 그칠 기미를 보이지 않았다. 눈보라 때문에 하산이 지체되면서 곧 식량도 바닥날 상황이었다. 따라서 캠프를 열고 쉬어가는 것은 생각할 수 없었다. 하산 길을 알려주는 표지판이 이미 눈에 파묻혀 길을 헤매게 될 것이 틀림없었다. 그러나 쉬지 않고 이렇게 계속 눈길을 걷는 것도 문제였다. 더구나 모든 대원은 산소발생기 등을 비롯한 캠프 장비를 메고 있었기에 며칠씩이나 쉬지 않고 걷는다는 것은 불가능했다. 탐험대는 굶어 죽느냐 지쳐 죽느냐의 갈림길에 서 있었다.

대원들이 도대체 어떻게 해야 할지 몰라 안절부절못하고 있을 때 마이크 라이언은 과감히 모든 장비를 버리고 식량만 짊어진 채 걷기 시작했다. 대원들은 모두 그의 행동에 반대했다. 하산하려면 앞으로도 최소한 열흘은 걸릴 터였다. 캠프 장비를 버리면 열흘 동안 쉬지 않고 걸어야 한다. 또한 갑자기 산소가 부족하거나 체온이 저하될 경우 아무런 대비를 할 수 없다. 이것은 생명과 직결된 문제였다. 대원들의 만류에도 불구하고 마이크 라이언은 단호한 입장을 표명했다.

"우리에게는 지금 이 방법밖에 없습니다. 이 눈보라는 열흘, 아니 보름이 지나도 그치지 않을 것입니다. 이렇게 계속 시간을 끌다가는 아직 남아 있는 표지판까지 전부 눈 속에 파묻힐 것입니다. 캠프 장비를 버리면 우리는 더 빨리 걸을 수 있을 겁니다. 우리가 할 수 있는 일은 이것뿐입니다."

결국 대원들은 마이크의 의견을 받아들이기로 했다. 그들은 모든 장비를 버리고 서로 격려하면서 함께 피곤함과 추위를 이겨냈다. 밤낮을 가리지 않고 걷고 걸어 마침내 8일 만에 하산에 성공했다. 그들이 하산한 후에도 눈보라는 여전히 맹위를 떨치고 있었다.

얼마 후, 영국왕실군사박물관의 한 직원이 마이크 라이언을 찾아가 영국 탐험대의 일원으로 에베레스트를 등반할 당시 지니고 있었던 물품 중 어떤 것이든 좋으니 박물관에 기증해달라고 부탁했다. 마이크 라이언이 내놓은 기증품은 매우 뜻밖의 것이었다. 그것은 바로 동상에 걸려 절단해야 했던 그의 발가락 열 개와 오른쪽 손가락 마디 다섯 개였다.

당시 마이크 라이언의 정확한 판단으로 모든 대원은 생명을 구할 수 있었다. 그러나 모든 장비를 버리고 하산했기 때문에 남아 있는 등산장비는

When you have faults, do not fear to abandon them.

허물이 있다면, 버리기를 두려워하지 말라.

아무것도 없었다. 대신 동상에 걸려 절단해야 했지만 그의 손가락과 발가락은 여전히 그의 곁에 남아 있었다. 마이크 라이언의 발가락과 손가락은 영국왕실군사박물관에 가장 특별하고 소중한 기증품으로 영원히 존재할 것이다.

포기는 곧 선택이다. 또한 포기는 지혜이다. 정확히 포기할 줄 아는 것이 성공적인 선택이다. 우리는 먼저 포기하는 법을 배워야 한다. 자신에게 맞지 않는 일은 버려라. 그리고 선택하는 법을 배워야 한다. 자신이 가장 좋아하는, 잘할 수 있는 일을 선택하라. 정확하게 포기하고 선택할 수 있는 사람만이 성공할 수 있다.

03
이유와 핑계를 던져버려라

항상 불평불만만 늘어놓는 사람들은 '그러나'라는 말로 지금 당장 행동하지 않아도 될 온갖 이유를 만들어낸다. 따라서 그들은 영원히 문제를 해결할 수 없다.

탐과 잭슨은 한마을에 사는 사이좋은 이웃이다. 두 사람의 집은 산비탈을 따라 1킬로미터쯤 떨어진 곳에 있었다. 이곳은 공기가 아주 맑고 경치가 아름다웠다. 특히 봄에서 여름으로 넘어갈 쯤엔 온갖 들꽃과 나뭇잎이 진한 향기를 뿜어내곤 했다.

그런데 이렇게 완벽해 보이는 환경 중에도 옥에 티가 있었다. 두 사람의 집을 왕래하는 길 한가운데 아주 커다란 백양나무 한 그루가 길을 가로막고 있었다. 자동차로 이 길을 지날 때면 언제나 아주 조심스럽게 운전해야 했다.

어느 날 탐과 잭슨은 바로 이 나무 아래에서 만나 나무를 베어버리자고 이야기했다. 이 골칫거리를 빨리 해결하려면 바로 내일 당장 나무를 베어버리는 것이 최선책이었다.

"하지만…… 하지만 난 내일 일이 있어서 미네소타에 가봐야 해. 아주 중요한 일이거든."

탐이 말했다.

"그럼 며칠 있다가 하지 뭐. 난 우리가 함께 이 문제를 해결하는 것이 중요하다고 생각하니까."

잭슨은 괜찮다는 듯 어깨를 으쓱거리며 대답했다.

그러나 상황은 잭슨이 생각한 것과 달랐다. 매번 나무를 베려고 할 때마다 둘 중 누군가에게 예상치 못한 일이 생겼고, 시간은 계속 흘러갔다. 1년, 2년, 5년, 10년, 20년…… 어느 새 백발이 된 두 사람은 다시 이 나무 아래에서 만났다.

"이봐, 친구. 이놈을 빨리 베어버려야 해. 그렇지 않으면 우리 손주들이 이곳을 지날 때 사고가 날지도 몰라. 보라고. 이놈은 점점 커져서 이제 길의 절반이나 차지하고 있어."

잭슨이 이미 굵고 단단해져버린 백양나무를 쳐다보며 말했다.

"자네 말이 맞아. 우리가 여태 이놈을 베어버리지 못했다니. 지금 당장 톱으로 확실히 베어버리자고."

탐은 이렇게 말하고 비틀거리며 집 쪽으로 걸어갔다. 그는 작은 톱으로 나무를 베어버릴 생각이었다. 그러나 두 사람은 너무 노쇠하여 작은 톱 하나조차 들 기운이 없었다.

이처럼 '그러나'라는 말로 온갖 핑곗거리를 만들어내는 사람들이 아주 많다. 이런 핑계들은 문제를 해결할 가장 적절한 시기를 놓치게 할 뿐 아무 도움도 되지 않는다.

Life is either a daring adventure or nothing.

인생은 과감한 모험이든가, 아니면 아무것도 아니다.

"난 정말 이 회사 때려치우고 싶어. 이건 내가 원했던 일이 아니야. 하지만……."

내성적이고 성실한 제인은 최근 들어 부쩍 이런 고민을 토로했다. 그녀는 일 때문에 엄청난 스트레스를 받고 있었다.

그녀의 고민에 마이크가 진지하게 충고했다.

"지금 일이 그렇게 힘들다면 당장 바꿔야지."

그녀는 어안이 벙벙해져서 반문했다.

"바꾸라니? 그게 무슨 뜻이야?"

"지금 직장을 그만두고 네 능력을 펼칠 수 있는 새로운 일을 찾는 거지. 어때?"

마이크의 말에 그녀는 꿀꺽 침을 삼키고 우물거리면서 대답했다.

"하지만 난 나한테 맞는 일이 어떤 건지 잘 모르겠어. 또 요즘에 직장 구하기가 얼마나 힘든데, 나 혼자도 아니고."

"이봐, 문제는 지금 일이 너한테 맞지 않는다는 거잖아. 그걸 알면서 왜 계속 자신을 괴롭히려는 거야? 언제까지 이렇게 인생을 낭비할 거냐고!"

"하지만 난 가족들을 먹여 살려야 해. 일단 먹고사는 게 해결돼야 다른 걸 생각해보지. 먹고살려면 어느 정도 희생은 감수해야 하지 않나!"

제인은 아주 괴롭고 힘든 표정을 지으며 대답했다.

"그렇다면 더더욱 네 인생을 즐겁게 만들 방법을 찾아야 한다고 생각해. 네 장점을 살릴 수 있는 일을 찾아야 한다고."

그러나 그녀의 반응은 냉랭했다.

"난 너랑 달라. 물론 넌 그렇게 말할 수 있겠지. 그렇게 쉽게 말이야. 너
처럼 생각하는 대로 행동할 수 있는 행운아는 이 세상에 그리 많지 않아.
자기가 하고 싶은 일을 하면서 돈을 벌 수 있다니. 나도 그렇게 하고 싶어.
하지만……."

마이크는 제인과의 대화를 포기했다. 그녀는 끊임없이 '그러나'라는 핑
계를 대고 있었다. 그녀는 다른 모든 사람에게도 '그러나'라는 핑곗거리
가 있다는 사실을 잊고 있다. 그것이 오직 자신에게만 해당되는 일이라고
생각하고 있는 것이다.

'그러나'라는 핑계 속에서 벗어나지 못하는 사람처럼 불쌍한 사람도 없다. 이 상황은 모두 자기 스
스로 만든 것이다. '그러나'가 만들어낸 모든 핑계와 이유를 던져버려야 문제를 해결할 수 있다.

자신을 과소평가하지 말라

이 세상에 완전히 똑같은 돌멩이는 없다. 또한 완전히 똑같은 나뭇잎도 없다. 완전히 똑같은 사람은 말할 나위도 없다. 모든 사람은 자신만의 독특한 개성을 가지고 있고, 분명 타인과 구별되는 점이 있으며 그렇기 때문에 사람은 누구나 단 하나밖에 없는 존재이다.

『아라비안나이트』에 다음과 같은 이야기가 있다.

바그다드에 신밧드라는 가난한 지게꾼이 살고 있었다. 그는 매일 다른 사람의 무거운 짐을 들어주고 돈을 벌어 가족들을 먹여 살렸다.

어느 날 신밧드는 아주 무거운 짐을 지고 힘겹게 걸어가다가 매우 화려한 저택 앞을 지나게 되었다. 높고 넓은 테라스, 화려한 정자, 한껏 멋지게 치장해놓은 지붕 아래서 수많은 하인이 쉴 새 없이 움직이고 있었다.

신밧드는 날도 덥고 너무 힘이 들어 이 아름다운 저택 앞에서 잠시 바람을 쏘이며 쉬어가기로 했다. 신밧드가 저택 앞에 앉아 쉬고 있으려니 바람결에 저택 안에서 좋은 향기가 전해져왔고, 잠시 후에는 아름다운 음악 소리가 들려왔다. 신밧드는 마치 꿈을 꾸는 것 같았다. 그러다가 신밧드는 갑자기 벌떡 일어나 흥분을 감추지 못하며 하늘을 향해 외쳤다.

"위대하고 전지전능하신 알라신이여! 당신은 인간의 운명을 마음대로 정할 수 있습니다. 당신이 부자로 만들고 싶은 사람은 부자로 만들고, 가난하게 만들고 싶은 사람은 가난하게 만들고, 고귀하게 만들고 싶은 사람은 고귀하게 만들고, 비천하게 만들고 싶은 사람은 비천하게 만들 수 있습니다. 보십시오. 지금 이 저택의 주인은 이렇게 온갖 부귀영화를 누리고 있지만 문밖에 있는 나는 무거운 짐을 지고 하루 종일 온 도시를 돌아다녀야 간신히 입에 풀칠할 수 있습니다. 낡아빠진 옷을 입고 신발도 신지 못하고 매일 굶주림에 시달리고 있으니, 이 얼마나 비참한 삶입니까! 매일 이렇게 고생하지만 어디에서도 좋은 말 한마디 들을 수 없습니다. 알라신이여! 감히 저는 당신을 거역할 수 없습니다. 하지만 이건 너무 불공평합니다."

잠시 후 저택에서 젊은 하인이 나와 신밧드에게 안으로 들어오라고 했다. 이 저택의 주인이 신밧드를 데려오라고 했다는 것이다. 신밧드는 하인을 따라 저택 안으로 들어갔고 뜻밖에도 그곳에서 융숭한 대접을 받았다. 주인은 친절하고 상냥한 말투로 신밧드와 대화를 나누고는 함께 저녁 식사를 하자고 청했다.

주인은 신밧드에게 이것저것 물어보았다.

"당신은 이름이 무엇입니까? 어떤 일을 하고 있습니까?"

"제 이름은 신밧드입니다. 다른 사람의 무거운 짐을 들어주는 지게꾼입니다."

주인은 재미있다는 듯 웃으며 말했다.

Self-confidence is the most important key to success.

자신감이 성공의 지름길이다.

"참 신기하군요, 신밧드. 당신은 저랑 이름이 똑같아요. 사실 난 당신이 방금 전 우리 집 앞에 앉아 혼잣말하는 것을 들었습니다. 알라신에게 이 세상이 불공평하다고 했던 것 말입니다. 방금 전에 했던 말을 다시 한 번 해줄 수 있겠습니까?"

지게꾼 신밧드는 아까 했던 말을 그대로 다시 한 번 반복했다.

그러자 저택 주인 신밧드는 잠시 무언가 생각하더니 이렇게 말했다.

"나는 지금까지 살면서 온갖 어려움과 좌절을 다 겪어봤습니다. 지금 이렇게 많은 재산을 쌓아놓고 호화로운 대저택에서 편안한 삶을 누리고 있는 것은 지난날 그 많은 좌절과 시련을 이겨낸 대가라는 사실을 말해주고 싶군요. 나는 젊은 시절 모험을 좋아했습니다. 이 세상에 확실한 나만의 자리를 만들고 싶어서 배를 타고 멀리 모험을 떠났습니다. 그렇게 일곱 번 항해를 하면서 정말 엄청난 일을 많이 겪었습니다. 당신이 들으면 말도 안 되는 일이라고 생각하겠지만 나는 분명히 그런 일을 직접 경험했습니다. 내가 그 위기와 어려움 앞에서 주저하거나 두려워하고 있을 때 알라신은 그 모든 위기를 극복할 수 있도록 용기를 주셨습니다. 그리고 나를 이렇게 성공의 피안에 도달할 수 있도록 인도해주셨습니다."

"……."

"지난날의 좌절과 고난이 없었다면 지금 이런 행복은 절대 존재하지 못할 것입니다. 오직 힘겹고 고생스러운 삶을 이겨내기 위해 최선을 다한 사람만이 노력의 대가를 얻을 수 있습니다. 바로 지금 나처럼 이렇게 평화롭고 행복한 삶을 누리는 것이지요."

이쯤 되자 지게꾼 신밧드는 도대체 그가 어떤 모험을 했는지 궁금해서 견딜 수가 없었다. 모험가 신밧드는 지게꾼 신밧드에게 자신의 파란만장한 인생 경험을 말해주었다.

지게꾼 신밧드는 모험가 신밧드의 이야기를 듣고 큰 감동을 받았다.

"당신은 남자 중의 남자입니다. 나는 이제야 비로소 진정한 행복이란 스스로 투쟁해야 얻을 수 있는 것이며, 안락한 삶은 자신이 고생하고 노력한 대가라는 사실을 깨달았습니다."

두 사람은 같은 이름을 가지고 있었지만, 성격은 판이하게 달랐다. 모험가 신밧드는 자기 주관이 확실하고 과감하게 도전하며 모험을 즐기는 사람이었지만, 지게꾼 신밧드는 옹졸하고 생각이 깊지 못하며 도전 정신이라고는 전혀 없는 사람이었다.

사람들은 그 생김새가 다른 만큼 각기 다른 독특한 개성을 가지고 있다. 우리 모두는 세상에 단 하나밖에 없는 유일무이한 존재이다. 절대 똑같은 사람은 없다. 마치 사람의 지문이 모두 다른 것처럼 그 성격 또한 절대 똑같을 수 없다. 성격이란 곧 나와 다른 사람을 구별하는 가장 중요한 기준이다.

우리는 자신이 타인과 전혀 다른 자신만의 독특한 개성을 지닌 유일무이한 존재라는 사실을 인식해야만 한다. 이런 사실을 이해한다면 같은 교실 안에서 똑같은 선생님으로부터 똑같이 배우는 학생들의 성적이 왜 다른지 알 수 있지 않을까? 같은 시대를 살아가는 사람들이 왜 그렇게 천차만별의 모습으로 살아가는지 이해할 수 있을 것이다.

모든 사람은 이 세상에 유일무이한 존재이다. 모든 사람은 이 세상에 존재해야 할 이유가 있다. 자신을 과소평가하지 말라. 당신은 이 세상에 둘도 없는 소중한 존재이다.

05
끊임없이 자신을 발전시켜라

　시대가 발전하면서 사람의 생각도 끊임없이 변한다. 앞으로 나아가지 못하면 뒤로 물러설 수밖에 없다. 제자리걸음은 없다. 계속해서 자신을 발전시키지 않는 사람은 시대의 흐름을 따라갈 수 없다.

　어느 신문의 같은 면에 두 가지 기사가 실렸다. 하나는 난징항공항천대학의 학생 정쑤이쟝이 우수한 학과 성적으로 대학원 무시험 특별 전형에 합격했다는 것이었고, 다른 하나는 상하이교통대학에서 무시험 특별 전형으로 대학원 입학 자격을 얻었던 본과생 두 명이 자격을 박탈당했다는 내용이었다.

　이들은 모두 대학원 특별 전형에 합격했다는 공통점이 있지만 그 이후의 행보는 완전히 달랐다. 정쑤이쟝은 대학원 무시험 특별 전형에 합격한 후에도 쉬지 않고 열심히 공부했다. 그는 아직 대학원에 입학하지 않았지만 이미 졸업반 학생들과 비슷한 수준의 설계 연구를 진행하고 있었다. 그러나 상하이교통대학의 두 학생은 10월에 우수 졸업생으로 선발되어

대학원 무시험 특별 전형에 합격하자 자신의 미래가 이미 보장되어 있다고 생각했다. 그래서 두 사람은 학업을 뒤로한 채 매일 놀러 다니기만 했다. 그 결과 두 학생은 기말 시험에서 낙제점수를 받았다. 이 때문에 대학원 입학 자격이 취소된 것은 물론이고 학부 졸업도 불투명해졌다.

미국의 공기업에서는 직원을 채용할 때 "You will shape up or shake up"이라고 말한다. 즉, '지속적으로 능력을 발휘하여 발전을 꾀하지 않으면 도태할 것이다'라는 뜻이다. 늘 하는 대로 해서는 지금의 자리를 지킬 수 없다. 현재 상황에 만족하지 않고 계속해서 자신을 계발하는 사람만이 성공할 수 있다. 이것이 바로 현대사회가 요구하는 인간상이다.

'사람은 매일 배우고 발전하지 않으면 매일 퇴보한다'라는 옛말이 있다. 이 점은 역사 속에도 자세히 나타나 있다. 역사적으로 위대한 인물들은 자신을 발전시키기 위해 끊임없이 도전하고 노력했기에 성공을 거둘 수 있었다. 늘 제자리에서 맴돌고 작은 성공에 만족하고 우쭐거리는 사람은 결국 도태될 수밖에 없다.

미국 자동차의 왕 포드는 "자신의 성과에 만족하고 그 자리에 머무르려는 사람은 반드시 실패한다"라고 말했다.

아폴로 11호가 인류 최초로 달 착륙에 성공한 것은 분명 인류 역사에 커다란 획을 그은 사건이요, 역사에 길이 남을 대성공이다. 그러나 전하는 바에 따르면 아폴로 11호에 탑승했던 버즈 올드린은 얼마 지나지 않아 정신 분열 증세를 보였다고 한다. 그는 보통 사람으로서는 도저히 상상조차 할 수 없는 엄청난 환경의 변화를 겪었고 위대한 성공을 경험했다. 하지만 다시 지구로 돌아온 그는 심각한 상실감에 빠졌다. 자신이 인생에서

해야 할 일을 이미 모두 끝마쳤다고 생각했기 때문에 앞으로 무엇을 해야 할지 알 수 없었던 것이다. 그는 모든 인류의 상상을 현실로 만들었지만 자신의 현실을 제대로 받아들이지 못했다. 그는 상상과 현실 사이에 끼여 오도 가도 못하는 상황이 되어버린 것이다. 아폴로 11호의 달 착륙은 당시 과학이 최고의 절정에 이르렀음을 보여주는 사건이었으나, 버즈 올드린의 비극은 인간의 정신 발달이 과학의 발전을 뒤따라가지 못함을 방증하는 사건이 되었다.

버즈 올드린의 비극은 그의 개인적인 인생관에서 비롯된 것이지만 과학 발전에 대한 인간 인식의 한계를 여실히 보여주는 것이기도 하다. 아폴로 11호의 달 착륙은 인류의 우주비행 역사상 전대미문의 쾌거가 분명하다. 그러나 이것은 우주항공 발전의 종착점이 아니라 시발점일 뿐이다. 좀 더 높이 평가하더라도 이것은 인류의 우주비행에 대한 청사진일 뿐이다. 달을 지구 같은 새로운 생존 기지로 만들려는 거대한 계획에서 볼 때 버즈 올드린의 성공은 아주 미미한 점에 불과하다. 아폴로 11호의 달 착륙을 하나의 돌파구나 새로운 계획의 출발점 정도로 인식했다면 버즈 올드린은 그렇게 큰 상실감에 시달리지 않았을 것이다.

젠홍은 중국 후베이성에 있는 국립 종합대학인 우한대학교에서 금융 보험을 전공하는 석사 연구생이었다. 그는 아직 학생 신분이었으나 과감히 사회에 뛰어들어보기로 결심했다.

1992년 하이난에 부동산 붐이 일자 젠홍도 부동산 투자 전매에 전력투구하여 1년 만에 수천 만 위안(우리나라 돈 수십억 원에 해당)을 벌어들였다. 젠홍은 이렇게 번 돈으로 수입 명차와 별장을 구입했다. 또 휴양지 개발을 목적으로 20만 평에 달하는 농장도 사들였다. 농장 주변에는 산과 강이 있어 경치가 매우 아름다웠다.

그러던 젠홍에게 청천벽력과 같은 일이 벌어졌다. 중국정부가 부동산 억제정책을 시행하면서 은행 자금을 이용한 부동산 매매를 금지하는 법을 만들었고, 이 법을 소급 적용한 것이다. 젠홍 역시 은행 대출을 받아 부동산 투자에 뛰어들었기 때문에 법의 심판을 피할 수 없었다. 부동산 투자로 벼락부자가 되었다가 하루아침에 다시 빈털터리가 된 것이다. 물론 이 일은 젠홍에게 큰 충격을 주었지만 그는 절망하거나 운명을 탓하지 않았다.

젠홍은 보험업계에 뛰어들어 다시 새로운 인생을 시작했다. 2000년 젠홍은 중국인 최초로 미국 MDRT(Million Dollar Round Table, 백만달러원탁회의. 생명보험업계에서 고소득 설계사들이 모인 전문가 단체)에 가입했다. 젠홍은 한 해 동안 영업 실적 480만 위안(약 7억 원)을 돌파하여 중국 평안보험 회사의 스타가 되었다. 그리고 MDRT 연회에 참가하기 위해 미국 방문길에 오르기도 했다.

중국 보험업계에서 젠홍의 눈부신 업적은 정말 대단한 일이었다. 당시 중국에서 보험업은 인지도가 매우 낮았다. 1997년 한 언론매체에서 실시한 100대 업종 여론조사에서 보험업은 98위에 있었다. 보험 영업 사원은 방문 판매나 유흥업 서비스직에 종사하는 사람보다 조금 높은 평가를 받앗을 뿐이다. 당시 중국 거리에서는 '불조심, 도둑 조심, 보험 조심'이라는 표어가 유행할 정도였다. 물론 지금은 보험에 대한 이미지가 많이 좋아졌지만, 많은 사람이 보험 영업 사원들이 보험을 팔 때 사람들을 속인다는 생각을 하고 있었다. 젠훙은 바로 이런 상황에서 보험업계에 뛰어들었고, 엄청난 실적을 올린 것이다. 그러나 젠훙은 자신이 보험업에 뛰어든 것은 사실 어쩔 수 없는 선택이었다고 말한다.

다음은 젠훙이 어느 매체와의 인터뷰에서 한 말이다.

내가 보험 회사를 선택한 것이 아니라, 보험 회사가 나를 선택했던 것입니다. 사실 나는 속아서 보험 회사에 들어갔습니다. 그때 보험 회사에서 만난 어떤 아가씨가 나에게, 지금 현재 아무것도 가진 게 없어도 반 년이내에 큰 부자가 될 수 있다고 자신 있게 말했거든요. 나중에야 그것이 보험 회사에서 영업 사원을 모집할 때 늘 써먹는 말이라는 걸 알았지요. 어떻든 1997년 8월 1일, 인생의 막다른 골목에서 나는 핑안보험 회사를 선택할 수밖에 없었습니다.

나는 런민차오 일대를 돌아다니며 보험 영업을 시작했습니다. 하루 종일 내가 들은 말이라곤 "짜증 나!"라는 것이 전부였습니다. 그래서 나는 다른 방법을 찾아보았습니다. 비 오는 날에는 백화점 입구에서 사람들에게 우산을 받쳐주기도 하고 대신 짐을 들어주기도 했습니다. 그러면 뭔가 희망이 생기지 않을까 생각했던 것입니다. 어느 날은 온종일 쉬지 않고 팔십여섯 집을 돌아다니며 문을 두드렸습니다. 그중 문을 열어준 집이 딱한 곳 있었는데, 집 주인은 나를 가리키며 자기 아들에게 이렇게 말하더

Life shrinks or expands in proportion to one's courage.

삶은 사람의 용기에 비례하여 넓어지거나 줄어든다.

군요. "다음에 이런 아저씨나 아줌마가 오면 절대 문을 열어주면 안 된다" 라고요.

내 노력은 모두 헛수고가 되었고 나는 돈이 없어 밥도 굶는 지경이 되었습니다.

'어떻게 해야 돈 없이도 끼니를 해결할 수 있을까?'

나는 생각하고 또 생각했습니다. 그리고 마침내 정말 돈이 없어도 끼니를 해결할 수 있는 증권 회사 귀빈실을 발견했습니다. 나는 이곳에서 자주 끼니를 해결하곤 했습니다.

그러던 어느 날 나는 아주 우연히 주식 시장의 큰손을 고객으로 만들었습니다. 그 사람은 내가 보험 회사에 다닌다고 하자 두말없이 보험에 가입했습니다. 아! 그때 나는 정말 엄청 감격해서 "하느님, 감사합니다"라는 말을 만 번도 더 외쳤습니다.

당시 내 삶의 원동력은 내 아들이었습니다. 나는 매일 아들의 분유값을 벌어야 한다는 생각으로 열심히 뛰었습니다. 하지만 아무리 열심히 뛰어다녀도 별 성과가 없었기에 나는 차마 집에 들어가 아들의 얼굴을 똑바로 볼 면목이 없었습니다. 한번은 한밤중에 아들을 업고 황급히 병원으로 뛰어갔습니다. 그런데 나는 그곳에서도 의사들에게 보험을 팔 생각에 빠져 있었지 뭡니까!

그날 병원에서 나는 몸이 아픈 부인과 함께 병원에 온 고객을 만났습니다. 그 고객은 내가 병원에서 환자 기록카드에 쓴 글을 보고 감동을 받았다고 했습니다. 내가 환자 기록카드 빈칸마다 '나는 내 아들을 위해서 매일 최선을 다하겠습니다'라고 적어둔 것을 본 것입니다.

이것은 분명 하늘이 주신 기회였습니다. 나는 다시 분발하기 시작했습니다. 그리고 다음 달 나는 영업 부문 신인상을 받았습니다. 어둡고 끝이 보이지 않던 내 인생에 한 줄기 빛이 보이기 시작했습니다. 그러나 그 순간 내 인생에서 가장 큰 불행이 일어났습니다. 아내가 이혼을 요구해온 것입니다. 일은 실패하면 다시 새로 시작할 수 있지만, 가정의 행복은 한번 깨지면 두 번 다시 되찾을 수 없습니다. 나는 아내와 아들을 잃었습니다. 아내는 외국으로 나가 살기를 원했고, 나는 결국 아내와 합의이혼했습니다.

이혼과 동시에 또 다른 사건이 일어났습니다. 친구에게 돈을 빌려 산 차를 다른 친구에게 빌려줬는데, 차를 빌려간 친구가 잠적해버린 것입니다. 이것이 문제가 되어 나는 법정에 출두해야 했고, 복잡한 소송 사건에 휘말렸습니다.

나는 이 모든 것을 묵묵히 받아들였습니다. 그러나 부모님은 내 이혼 소식을 듣자 내가 예상했던 것보다 더 큰 충격을 받으셨습니다. 어머니는 하룻밤 새에 머리가 하얗게 세었습니다. 어머니의 하얀 머리를 보면서 나는 정말 부끄러워졌습니다. 부동산 붐을 타고 큰돈을 벌었을 때도 나는 부모님께 해드린 것이 없었습니다. 그러나 내가 모든 것을 잃고 돌아왔을 때 부모님은 불편한 몸에도 불구하고 내가 이 모든 어려움을 헤쳐나갈 수 있도록 든든한 후원자가 되어주셨습니다.

어느 날 나는 갑작스런 고열에 시달렸습니다. 여동생은 어쩔 수 없이 사장님에게 사정을 이야기하고 회사 사무실 바닥에 간이침대를 펴놓고 나를 돌봐주었습니다. 나는 이 모든 충격을 겪으면서 일, 결혼, 가족에 대해 다시 생각해보았습니다. 그리고 다시 한 번 새로운 인생을 살기로 결심했습니다.

3개월 후 나는 핑안보험 회사의 최고 영업 사원이 되었고, 그해 MDRT의 일반 회원 자격을 얻었으며, 2000년에는 TOT(Top of the Table, MDRT 기준의 여섯 배에 해당하는 실적을 거둔 설계사에게 주어지는 보험 에이전트 최고의 영예 회원)이 되어 중국 대표로 미국에서 열린 MDRT 회의에 참가했습니다. 중국 생명보험 영업 사원으로는 최초였습니다. 나는 지금도 당시 회의에 참가할 때 가지고 갔던 국기를 소중하게 보관하고 있습니다.

젠홍은 차분히 이야기를 풀어나갔지만 그와 인터뷰하던 기자는 오히려 당사자인 젠홍보다 더 큰 감격에 사로잡혔다. 기자는 젠홍에게 어떻게 그 많은 불행을 이겨냈는지, 지금까지 버틸 수 있는 힘이 무엇이었는지를 물었다.

젠홍은 미소를 지으며 이렇게 대답했다.

"나는 운명을 탓하지 않았습니다. 처음부터 이것이 내 천직이라고 생각한 것은 아니지만, 나는 여기에 적응하기 위해 최선을 다했고, 언제나 앞만 보고 달렸습니다."

젠홍의 성공 비결은 언뜻 보기엔 쉽게 느껴지지만 정말 이렇게 행동할 수 있는 사람은 많지 않다. 큰 부자가 하루아침에 땡전 한 푼 없는 알거지가 되었다면 그런 충격을 이겨낼 수 있는 사람이 과연 얼마나 될까? 아마 대부분이 인생을 포기해버릴 것이다. 하루 종일 술에 취해 살거나 남 탓만 하고 가혹한 운명을 주었다며 하늘을 원망할 것이다. 그렇게 온갖 불평불만을 쏟아내다 결국 삶을 마감할 것이다.

불평은 모든 희망을 사라지게 한다. 인간이 극복하지 못할 시련은 없다. 불만과 원망을 버리고 다시 한 번 도전하라. 더 많은 좌절을 겪을수록 성공은 가까워진다. 도전하고 또 도전하라.

'사람은 죽을 때까지 배워야 한다'라는 말이 있다. 오늘 하루 발전하지 않으면 오늘 하루만큼 퇴보한다. 위대한 인물들은 끊임없이 노력하고 적극적으로 도전하여 오늘날의 성공을 일구었다. 발전하려는 의지가 없고 현재 상황에 만족하는 사람은 도태될 수밖에 없다. 매일매일 끊임없이 자신을 발전시켜라.

06
자신의 존재 가치를 믿어라

보통 사람이 보통 사람일 수밖에 없는 이유는 어려운 일이 생길 때마다 남에게 의지하려 하기 때문이다. 부처가 부처일 수밖에 없는 이유는 어려운 일이 생겼을 때 자신의 힘으로 해결하려 하기 때문이다.

사람은 누구나 현실의 시련과 좌절을 피할 수 없다. 이 순간 대부분의 사람은 먼저 다른 사람에게 도움을 청할 생각만 하고 자신의 존재 가치를 잊어버린다.

한 불자가 불상 앞에서 절을 하며 소원을 빌었다. 잠시 후 그는 바로 옆에서 절을 하고 있는 사람이 부처님 얼굴과 똑같이 생긴 것을 발견했다.

그는 신기한 듯 옆 사람을 쳐다보며 물었다.

"당신은 어쩜 이렇게 부처님과 똑같이 생겼소?"

그러자 그가 대답했다.

"내가 바로 부처요."

그러자 불자는 "부처님이 무엇하러 이렇게 불상 앞에서 절을 한단 말이오?"라고 물었다.

부처는 빙그레 웃으며 대답했다.

"왜냐하면 지금 나도 아주 힘든 일이 생겼기 때문이오. 그러나 나는 남에게 부탁하고 의지하는 것이 아무 소용없다는 것을 잘 알고 있습니다. 오직 내 힘으로 난관을 극복해야 하지요."

이 세상에 구세주는 없다. 어려운 일이 생기거나 곤경에 빠졌을 때 나 자신을 구할 수 있는 사람은 나 자신뿐이라는 사실을 잊지 말라.

07

기회가 왔을 때 확실히 잡아라

모든 기회는 단 한 번뿐이다. 기회가 지나가고 나서 후회해도 소용없다. 기회가 눈앞에 왔을 때 확실히 잡아야 한다.

가만히 앉아 기회를 기다리는 것처럼 멍청한 짓은 없다. 기회는 오라고 하면 알아서 찾아오는 손님이 아니다. 약속 시간에 맞추어 내 집 대문을 두드리면 문을 열어주고 안으로 들어오게 맞이할 수 있는 손님이 아니다. 기회는 전혀 예측할 수 없다. 형체도 그림자도 없고 아주 작은 숨소리도 내지 않는다. 기회는 아주 가까운 곳에 숨어 있거나 우리가 미처 관심을 기울이지 못하는 구석에서 배회하고 있다. 기회를 찾기 위해 부지런히 노력하지 않으면 영원히 기회는 오지 않는다.

여름 장마가 시작되자 계곡에 물이 갑자기 불어나기 시작했다. 불어난

물은 산 바로 아래 있는 마을을 삼켜버렸다. 이 마을의 교회 목사는 물이 무릎까지 차오르는 와중에도 기도를 하고 있었다. 구조대원이 보트를 타고 와서 목사에게 소리쳤다.

"목사님, 빨리 타세요. 지금 물이 계속 불어나고 있어요."

그러자 목사가 말했다.

"아닙니다. 하느님이 저를 구해주실 겁니다. 여러분은 가서 다른 사람을 먼저 구하십시오!"

잠시 후 물은 목사의 가슴까지 차올랐다. 목사는 어쩔 수 없이 제단 위로 올라섰다. 이때, 한 경찰이 보트를 타고 와서 목사에게 소리쳤다.

"목사님, 빨리 타세요. 교회가 곧 물에 잠긴다고요!"

그러나 목사는 여전히 태평했다.

"아닙니다. 나는 이 교회를 지켜야 합니다. 하느님이 저를 구해주실 겁니다. 여러분은 가서 다른 사람을 구하세요!"

얼마의 시간이 흐른 후 물은 교회를 완전히 삼켜버렸다. 목사는 교회 꼭대기에 달린 십자가를 꼭 붙잡고 있었다. 그때 목사의 머리 위로 헬기 한 대가 다가왔다. 헬기 안에서 구조대원이 줄사다리를 던지며 소리를 질렀다.

"목사님, 빨리 올라오세요. 이번이 정말 마지막 기회입니다. 더 이상 구조 작업은 진행되지 않을 겁니다!"

그러나 목사는 끝까지 버텼다.

"아니오. 나는 이 교회를 지켜야 하오. 하느님이 반드시 나를 구해주실 것이오. 당신들은 가서 다른 사람을 구하시오. 나는 하느님과 함께 있으니 걱정할 필요 없소."

물은 계속 불어났고, 고집스러운 목사는 결국 물에 빠져 죽고 말았다.

목사는 죽어서 하늘나라로 갔다. 그는 하느님을 보자마자 화를 내며 따 졌다.

"하느님, 저는 평생을 당신께 바쳤습니다. 제가 얼마나 최선을 다해 당 신을 받들고 찬양했는지 잘 아시지요? 그런데 당신은 왜 저를 구해주지 않으셨습니까?"

그러자 하느님이 대답했다.

"내가 어떻게 너를 구하지 않을 수 있겠느냐? 내가 첫 번째 보트를 보 냈을 때 너는 타지 않겠다고 했다. 나는 네가 그 보트가 너무 작고 위험해 서 타지 않는 줄 알고 두 번째는 좀 더 크고 튼튼한 보트를 보냈다. 그런데 도 넌 타지 않았다. 세 번째로 나는 너에게 헬기를 보내주었다. 그러나 너 는 역시 내 도움을 거절했다. 그래서 나는 네가 하루빨리 내 곁으로 오고 싶어 하는 줄 알았는데, 아니었느냐?"

영국 고전경험론의 창시자 베이컨은 말했다.

"기회는 처음에 당신에게 머리카락을 잡을 수 있게 할 것이다. 그러나 그때 잡지 못하면 당신이 보는 기회는 대머리가 되어 있을 것이다."

독일의 철학자 피히테는 젊은 시절 높은 명성을 떨치고 있던 칸트를 찾 아가 가르침을 구했다. 그러나 칸트는 피히테를 냉정하게 외면했다. 피히 테는 기회를 잃었지만 포기하지 않았다. 그는 실망하지 않고 오히려 자신에게 어떤 문제가 있는지 냉철하게 따져보았다. 그 결과 자신이 지금까지 특별한 노력을 하지 않았다는 사실을 깨달았다. 지금까지 이루어놓은 결과가 아무것도 없으니 남들이 자신을 무시하는 것은 당연했다.

'나는 지금까지 왜 아무런 결과물도 얻지 못했을까?'

피히테는 그날 이후 학문에 몰두하기 시작하여 「모든 계시의 비판시도」라는 논문을 완성했다. 피히테는 이 논문을 칸트에게 보내면서 편지 한 장을 동봉했다.

이 편지에 피히테는 다음과 같이 적었다.

'나는 내가 존경하는 대철학자를 만나고 싶었습니다. 그러나 과연 내가 그럴 만한 자격이 있는지는 모르겠습니다. 물론 저는 다른 사람에게 추천서를 써달라고 부탁할 수도 있었지만 역시 이렇게 저 스스로 편지를 쓰는 것이 낫다고 생각했습니다. 이 논문은 바로 저의 모든 것을 담은 자기소개서입니다.'

피히테의 논문을 자세히 검토한 칸트는 감탄을 금치 못했다. 칸트는 피히테의 재능과 특별한 연구 방식에 크게 감동했다. 칸트는 당장 피히테에게 답장을 보냈고 피히테는 칸트와 함께 철학 연구를 시작했다.

피히테는 스스로 기회를 찾기 위해 부단히 노력했고 그 결과 독일의 유명한 교육자이자 철학자로서 널리 명성을 떨쳤다.

오자와 세이지는 일본 음악을 전 세계에 알린 세계적인 음악가이자 명지휘자이다. 오자와 세이지는 브장송 음악축제의 일환으로 열린 국제지휘경연대회에서 우승함으로써 명지휘자의 명성을 얻었다.

이 대회에 나가기 전까지 오자와 세이지는 국제 음악계와 아무런 인연이 없었다. 국제무대는 고사하고 일본 내에서조차 이름 없는 평범한 음악가였다. 그때까지 재능을 발휘할 기회를 얻지 못했던 것이다.

오자와 세이지가 브장송 국제지휘경연대회에 나가려고 결심한 후 그는 완전히 달라졌다. 브장송에 도착하기까지 크고 작은 문제들이 있었지만 그는 모든 시련을 극복하고 당당히 유럽에 발을 내딛었다. 그러나 브장송에 도착한 후에도 시련은 끊이지 않았다.

그는 브장송에 도착한 후 가장 먼저 국제지휘경연대회에 참가 신청서를 냈다. 그러나 대회 집행부에서는 서류가 미비하다며 신청을 받아주지 않았다. 그는 그토록 오랫동안 염원해왔던 대회에 참가할 수 없게 된 것이다.

일반적으로 음악가들은 성격이 내향적이고 주제넘게 나서는 것을 좋아하지 않는다. 오자와 세이지가 평범한 음악가였다면 그 역시 좌절하고 곧바로 포기해버렸을 것이다. 그러나 그는 달랐다. 포기하지 않고 적극적으로 정면 돌파를 시도한 것이다.

오자와 세이지는 먼저 일본 대사관에 찾아가 자신의 상황을 자세히 설명하고 도움을 요청했다. 그러나 일본 대사관에서도 이 문제를 해결할 방법이 없었다. 어찌해야 좋을지 고민하던 오자와 세이지는 갑자기 예전에 친구가 했던 말이 떠올랐다.

"그래! 미국 대사관 문화부가 있었지. 그곳에서는 음악을 좋아하는 사람이라면 누구든지 경연대회에 참가할 수 있다고 했어."

Fortune favors the brave.

하늘은 용기 있는 자의 편이다.

오자와 세이지는 곧바로 미국 대사관을 찾아갔다. 미국 대사관 문화부 담당은 케시라는 여성이었다. 케시는 전에 뉴욕의 한 오케스트라에서 바이올린을 연주했었다. 오자와 세이지는 케시에게 자초지종을 설명하고 자신이 국제지휘경연대회에 참가할 수 있도록 해달라고 간절히 부탁했다. 그러나 케시는 곤란하다는 표정으로 대답했다.

"물론 나도 음악인이었지만 미국 대사관이 음악축제 문제에 월권을 행사할 수는 없습니다."

케시의 말이 전혀 틀린 말은 아니었다. 그러나 오자와 세이지는 포기하지 않고 계속해서 케시에게 부탁하고 또 부탁했다. 처음에는 굳은 표정으로 앉아 있던 케시는 점점 입가에 웃음을 띠기 시작했다. 케시는 잠시 무언가 생각하더니 오자와 세이지에게 물었다.

"당신은 뛰어난 음악가가 확실한가요? 혹시 그저 그런 이름만 음악가는 아닌가요?"

오자와 세이지는 조금도 주저하지 않고 곧바로 대답했다.

"물론 저는 뛰어난 음악가입니다. 저는 앞으로……."

오자와 세이지의 대답에는 강한 자신감이 배어 있었고 케시는 곧바로 전화기를 들었다. 케시는 브장송 음악축제 집행위원에게 연락하여 오자와 세이지를 국제지휘경연대회에 참가할 수 있게 해달라고 부탁했다. 집행위원회에서는 케시의 요청을 받아들였다.

2주 후 오자와 세이지는 미국 대사관의 최종 결정을 기다리고 있었다. 이 순간 오자와 세이지는 아주 작은 기대와 희망을 가지고 있었지만, 한편으로는 이번에 대회에 참가하지 못하면 영원히 음악을 포기할 수밖에 없을 것이라고 생각했다. 그는 드디어 미국 대사관으로부터 경연대회에 참가할 수 있다는 결과를 통보받았다.

대회에 참가한 사람은 총 60명이었다. 오자와 세이지는 순조롭게 1차 예선을 통과했고 드디어 결선에 올랐다. 오자와 세이지는 '좋아! 나는 이 대회에 참가하지도 못할 뻔하지 않았던가? 지금 우승을 하지 못한다 해도 여한은 없다. 그러나 절대 후회 없도록 최선을 다할 것이다'라고 굳게 마음먹었다.

오자와 세이지는 결국 이 대회에서 우승을 차지했다.

인생의 성패는 기회를 잡느냐 놓치느냐에 달려 있다. 기회가 왔을 때 확실히 잡으면 운명을 바꿀 수 있다. 그러나 기회를 알아보지 못하고 그냥 지나가버리게 만들면 인생은 늘 그 자리에 머물러 있을 것이다. 기회를 꼭 붙잡아라. 지나간 기회는 다시 돌아오지 않는다.

08

자기주도적으로 미래를 개척하라

빌 게이츠는 "남에게 의지하는 습관은 성공을 방해하는 장애물이다. 이것은 큰일을 이루기 위해 반드시 없애버려야 할 습관이다"라고 말했다.

성공한 사람들은 남에게 의지하지 않고 진정한 자신의 능력을 시험해보기를 즐긴다. 이들은 남에게 의지하는 것을 매우 싫어한다. 그것은 다른 사람에게 자신의 운명이나 큰일을 조정하는 주도권을 넘겨주는 것과 다름없기 때문이다.

어려운 일이 생기면 당장 다른 사람에게 도움을 청할 생각부터 하는 사람들이 있다. 또 어려운 일이 있을 때나 없을 때나 항상 다른 사람의 뒤꽁무니만 쫓아다니며 남들이 자기 대신 어려운 일을 해결해줄 것이라 생각하는 사람들도 있다. 우리 주변에서 쉽게 볼 수 있는 이런 사람들은 확실히 의존성이 강하다.

빌 게이츠는 심신이 건강한 사람의 특징으로 충만한 자주성과 독립성을 꼽는다. 의존성은 큰일이나 성공을 방해하는 아주 나쁜 근성이다. 이런 나쁜 습관에 물든 사람들은 자신의 모든 희망을 타인에게 넘겨버리고 자신은 손가락 하나도 움직이지 않으려 한다. 그러나 성공한 사람들은 공통적으로 자신의 능력에 의지하는 습관이 있다. 결국 타인에게 의지하는 습관은 크게 성공하지 못하는 평범한 사람들의 보편적인 습관 중 하나일 뿐이다.

정신적인 독립을 원한다면 먼저 타인에게 기대려는 습관부터 버려라. 이것은 타인과의 모든 교류를 금지하라는 의미가 아니다. 일단 누군가의 도움이 필요하다고 느낀다면 그 순간 당신은 나약한 인간, 즉 현대판 노예가 된다.

만약 사랑하는 사람이 당신을 떠나가거나 마음을 바꿨거나 혹은 세상을 떠났다고 가정해보자. 이런 경우 대부분의 사람은 습관적인 행동에서 벗어나기 힘들기 때문에 정신적으로 큰 충격을 받거나 심지어 죽고 싶은 절망까지 느낀다. 그래서 사회는 우리에게 정신적으로 부모, 선생님, 선배 등에게 모든 것을 의지해서는 안 된다고 경고한다.

어쩌면 당신은 항상 누군가가 위로해주기를 기다리고 있을지 모른다. 만약 누군가의 바람에 따라 어떤 일을 하고 나서 후회스럽다면, 또는 일이 제대로 해결되지 않아 양심에 가책을 느낀다면, 아직 희망이 있다는 증거이다. 당신은 잘못된 습관을 충분히 고칠 수 있다.

창업에 대한 용기와 능력을 발휘하기로 결심했다면 스스로 내공을 연마하고 독자적으로 자신의 미래를 개척해야 한다. 자본이나 배경은 없어도 좋다. 필사적으로 해나가고자 하는 의지와 용기를 끝까지 잃지 않는다면 아무리 좁은 틈이라도 뚫고 나가 새로운 길을 열 수 있다.

그렇다면 어떻게 해야 이런 의존적인 심리를 없애버릴 수 있을까? 다음의 몇 가지 방법을 참고해보자.

- 일종의 '자아 독립 선언서'를 만들어 공개적으로 발표하라. 당신이 타인과 교류하면서 독립성을 강조하고 싶다면 모든 사람의 지배로부터 완전히 벗어나야 한다. 물론 필요한 상호협조는 유지해야 한다.
- 당신이 의지하려는 사람에게 이제 독립적으로 행동하려 한다는 것과 의무감 때문에 어떤 일을 해야 할 때 느끼는 감정을 정확하게 밝혀라. 이것은 의존적인 심리를 없애는 데 매우 유효한 방법이다. 직접 말해주지 않으면 다른 사람들은 당신이 지배를 받는 입장에서 어떤 느낌을 받는지 알지 못한다.
- 효과적인 단기 목표를 정하라. 예를 들어 30분을 정해놓고 이 짧은 시간 동안 당신을 지배하고 있는 사람과 어떻게 교류할 것인가를 생각해보라. 양심에 거리끼는 일을 하기를 원하지 않는다면 "안 됩니다. 나는 그렇게 할 수 없습니다"라고 분명히 말해보자. 그리고 상대방이 당신의 대답에 어떤 반응을 보이는지 살펴보라.
- 자신을 지배하고 있는 사람을 볼 때마다 스스로 이렇게 자신을 일깨워라. '나는 지금까지 늘 다른 사람에게 복종해왔지만 이제 더 이상 어느 누구의 지배도 받지 않을 것이다.'
- 심리적으로 누군가에게 끌려가고 있다는 생각이 든다면 상대방에게 당신의 느낌을 정확히 밝히고 당신이 원하는 방향으로 행동하라. 부모, 애인, 친구, 상사, 아이들 그리고 그 외 사람들이 당신의 행동에 거

부감을 표시한다고 해도 당신의 가치가 떨어지는 것은 아니다. 어떤 상황이든 혹은 어떤 일이든 항상 누군가는 불만을 품는 것이 현실이다. 이런 경우 미리 마음의 준비를 해두면 뜻밖의 반대에 부딪히더라도 초조하거나 어찌할 바를 몰라 당황하는 일은 없을 것이다. 당신을 구속하고 있는 감정상의 족쇄 의존성에서 벗어날 수 있도록 필사적으로 투쟁하라.

- 절대 피하지 말고 용기를 가지고 현실에 맞서라. 만약 부모, 애인, 상급자 혹은 자식 등의 지배자에게 길들여지면 애써 피하려고 해도 어쩔 수 없이 무의식중에 다시 이들의 지배하에 들어가게 된다.

- 당신이 의무감 때문에 어쩔 수 없이 누군가를 찾아가야 한다면 자신에게 이렇게 반문해보라. '내가 만약 그 사람의 입장이라면, 다른 누군가가 나를 찾아오는 것을 원할까?' 만약 원하지 않을 것이라고 판단했다면 당연히 찾아가지 말아야 한다. 누군가 단지 의무감 때문에 자신을 찾아왔다고 생각하면 상대방이 자존심에 상처를 입을 수도 있기 때문이다.

- 아무 조건도 없는 완벽한 경제적 독립을 유지하라. 다른 사람이 자기 대신 계산서를 지불해주기를 바라지 말라. 만약 다른 사람이 자기 대신 돈을 쓰기를 바란다면 그 순간 당신은 그의 노예가 될 것이다.

- 다른 사람에게 명령하거나 강제로 제압하지도 말고, 다른 사람의 영향 아래 그들이 시키는 대로 복종할 필요도 없다.

- 자신의 개인 비밀을 유지하고 싶다면 생각이나 경험을 몽땅 다른 사람에게 털어놓을 필요는 없다. 당신은 고유의 개성을 가진 특별한 사람이다. 당연히 자신만의 특별한 비밀이 있을 수 있다. 만약 모든 일을 숨김없이 다른 사람에게 보고해야 한다면 당신은 아무런 선택권도 없

는 비독립적인 사람이 될 뿐이다.

- 항상 다른 사람의 옆자리를 지킬 필요는 없다. 파티에 동행한 파트너와 계속 함께 있지 않아도 된다. 의무감 때문에 그 사람 곁을 지키고 있을 필요는 없다. 두 사람이 함께 파티에 참석했더라도 각자 다른 사람과 이야기를 나누다가 파티가 끝난 후 다시 함께 돌아오면 그뿐이다. 그래야 좀 더 다양한 지식을 쌓고 견문을 넓힐 수 있다.

- 항상 기억하라. 당신은 다른 사람을 즐겁게 해주어야 할 어떤 의무도 없다. 누구든 자기 스스로 즐거움을 찾아야 한다. 당신은 타인과의 교류에서 진정한 즐거움을 찾아야 한다. 만약 의무적으로 상대방을 즐겁게 해주기 위해 그 사람과 함께하는 것이라면 당신은 독립성을 잃게 된다. 이런 경우 상대방이 즐거워하지 않으면 당신도 즐겁지 않다. 더 심한 경우 당신은 자기 때문에 상대방이 즐겁지 않다고 생각하게 될지도 모른다. 당신은 자신의 감정을 책임져야 한다. 이것은 누구에게든 예외가 있을 수 없다. 당신 이외에 어느 누구도 당신의 감정을 컨트롤할 수 없다.

진정한 삶의 가치를 실현하기 위해서는 독립성이 기본이다. 행복한 결혼생활을 위해 기본적인 부분에 대해서는 서로 마음을 터놓고 상의해야 하지만 개인의 조정 능력과 독립성을 최대한 보장하는 것이 중요하다. 어쩌면 당신은 의존적인 관계에서 벗어나는 것을 두려워하고 있을지 모른다. 당신이 '지금 내가 누구에게 의지하고 있지?'라고 생각했다면 당신의 독립성이 자라기 시작했다는 증거이다. 독립성을 되찾는 순간 당신은 주변의 존경과 찬사를 얻게 될 것이다. 특히 정신적으로 당신을 지배했던 사람은 당신에게 더 큰 박수를 보내줄 것이다.

09

운명을 바꾸기 위해 노력하라

세상을 살다 보면 불공평한 일이 한두 가지가 아니다. 누구나 충분히 불평불만을 늘어놓아도 좋을 만한 일들이 끊임없이 일어난다. 그러나 다른 관점에서 생각해볼 수도 있다. 이 세상에 과연 완벽한 것이 있을까? 물론 없다. 그러나 사람들은 모든 일이 완벽하기를 바란다. 완벽하게 공평하기를 바란다. 이것이 바로 불평불만의 원인이다.

모든 조건이 완벽하게 갖춰진 후 행동하려는 사람은 영원히 아무것도 시작하지 못한다. 이런 사람들은 평생 아무것도 하지 못한 채 완벽한 조건이 갖춰지지 않는다고 불만만 늘어놓는다.

그러나 다소 만족스럽지 않지만 오히려 그 상황을 개선시키기 위해 곧바로 행동하는 사람이 있다. 이렇게 남들이 불평불만을 늘어놓을 시간에 행동하는 사람이 성공하는 것은 당연한 일이다.

20대의 리언 부부는 갓 태어난 아이가 한 명 있고 수입은 그리 많지 않다. 이들은 작은 집에 세를 들어 살고 있는데, 세 식구가 살기에 너무 비좁았다. 두 사람은 내 집 마련이 꿈이었다.

어느 날 리언은 월세를 내려다가 몹시 화가 났다. 지금 사는 집의 월세는 요즘 새로 지은 넓은 집과 별 차이가 없었다. 그는 아내에게 말했다.

"다음 주에 우리 새집을 알아봅시다. 어떻소?"

아내가 깜짝 놀라며 반문했다.

"갑자기 그게 무슨 말이에요? 당신 지금 농담하는 거죠? 우리가 돈이 어디 있다고요? 우리가 지금 가진 돈은 아마 계약금도 안 될 걸요?"

그러나 리언의 결심은 확고했다.

"분명히 새집을 마련할 방법이 있을 거요. 물론 지금 당장은 어떻게 돈을 마련할지 막막하지만, 분명 방법이 있을 거요."

1주일 후 리언은 정말 두 사람이 늘 바라오던 집을 찾아냈다. 실내외 인테리어가 화려하거나 아주 넓거나 하지는 않았지만 적당한 크기와 시설을 갖춘 집이었다. 이 집에 들어가기 위해서는 총 5만 위안을 지불해야 했다. 리언은 자신의 신용으로는 은행 대출을 받기 어렵다는 사실을 잘 알고 있었다. 물론 은행 말고 다른 곳에서 돈을 빌릴 수는 있겠지만, 절차도 복잡하고 그들이 원하는 액수만큼 빌릴 수 있을지도 불투명했다.

리언은 궁리 끝에 부유한 친척을 찾아갔다. 친척은 리언의 요청에 냉담한 반응을 보였다. 그러나 리언이 포기하지 않고 계속해서 찾아오자 그의 정성에 감동하여 돈을 빌려주기로 했다. 친척은 리언에게 5만 위안을 빌려주고 매달 천 위안씩 갚도록 했다. 이자는 별도로 계산하기로 했다.

이제 리언이 해결해야 할 것은 매달 천 위안을 마련하는 것이었다. 리언과 아내는 머리를 쥐어짜며 방법을 찾았지만 쉽게 해결되지 않았다. 한

달에 500위안은 확실히 마련할 수 있었지만 나머지 500위안을 해결할 방법을 찾아야 했다.

다음 날 리언은 사장에게 자신의 사정을 이야기했다. 사장은 리언이 집을 산다고 하자 자기 일처럼 기뻐해주었다. 리언은 사장에게 집을 사려고 빌린 돈의 이자를 마련할 수 있도록 주말이나 퇴근 시간 이후에 회사에서 잔업을 할 수 있게 해달라고 부탁했다. 사장은 그의 간절함과 용기에 감동하여 주말 열 시간의 잔업을 허락했다. 이렇게 해서 모든 문제가 해결되었고 리언 부부는 기쁜 마음으로 새집으로 이사했다.

위대한 인물과 평범한 사람의 차이는 무엇일까? 평범한 사람들은 문제가 생기면 그저 멍하니 앉아 한숨만 쉬면서 자신의 운명을 탓한다. 그러나 위대한 인물은 문제를 해결하고 상황을 개선시키기 위해 끊임없이 도전하고 노력한다.

넓은 바다에 사는 물고기 한 마리가 있었다. 이 물고기는 항상 사는 게 너무 재미없다고 생각했다. 바다를 벗어나 다른 곳에 가보고 싶었다. 어느 날이 물고기는 어부가 쳐놓은 그물에 걸리자 꼬리를 흔들어대며 기뻐했다.

"이 순간을 얼마나 기다렸던가! 난 정말 이 재미없는 바다가 싫어. 이제야 비로소 신나는 나날을 보낼 수 있겠네."

물고기는 기쁜 나머지 엄청 높이 뛰어올랐고, 어부와 그 아들이 지금잡은 물고기를 어떻게 요리할까, 라고 말하는 순간 바닥에 떨어져 기절하고 말았다.

물고기가 다시 깨어났을 때, 그는 매우 낡은 항아리 속에 들어가 있었다. 이 물고기는 아주 화려하고 아름다운 비늘 덕분에 목숨을 건질 수 있었다. 물고기의 비늘에 반해 어부가 관상용으로 기르기로 한 것이다. 물고기는 항아리 안에서 신나게 헤엄치며 왔다 갔다 했다. 물 항아리는 아주 작았지만 물고기는 계속해서 쉬지 않고 헤엄쳤다.

어부는 매일 물 항아리에 먹이를 넣어주었다. 물고기는 그때마다 무척 기뻐하며 온몸을 흔들었다. 자신의 아름다운 비늘을 뽐내면서 동시에 어부에게 잘 보이기 위함이었다. 어부 역시 이 물고기를 기르는 것이 즐거웠다.

물 항아리 안에는 항상 먹이가 풍부했고 물고기는 실컷 배를 불리고 헤엄치다가 힘들면 언제든 낮잠을 잘 수도 있었다. 물고기는 인생이 아주 행복했다. 물고기는 자신을 이렇게 행복하게 만들어준 자신의 비늘에 감사했다. 바다에 살 때는 매일 스스로 먹이를 찾아나서야 했다. 또한 언제 큰 물고기에게 습격을 받을지 알 수 없어 늘 불안감에 떨어야 했다. 지금도 바다에 살고 있을 옛 물고기 친구들은 어쩌면 며칠째 굶주리고 있을지도 몰랐다. 어떤 친구는 벌써 큰 물고기의 밥이 되었을지도 모를 일이었다.

물고기는 어부가 넣어준 먹이를 삼키며 생각했다.

'아, 이 얼마나 아름다운 인생인가!'

물고기는 자기처럼 아름다운 비늘을 가진 물고기가 이런 대우를 받는 것은 아주 당연하다고 생각했다.

시간이 흐르는 동안 물고기는 매일매일 그저 놀고먹기만 했다. 언제부터인가 물고기는 자신의 삶이 조금씩 지겨워지기 시작했다. 그렇지만 여전히 바다로 돌아가고 싶은 생각은 없었다.

"나는 아주 아름다운 비늘을 가진 물고기가 아닌가! 난 이런 대접을 받으며 사는 게 당연해."

어느 날 어부가 아주 먼바다로 고기잡이를 떠났다. 어부는 보름 후에 돌아올 예정이었고 집에는 어부의 아들만 남아 있었다.

어부가 떠나고 난 후 물고기는 먹이를 제때 먹을 수 없었다. 다음 날에는 아예 먹이를 먹을 수 없었다. 물고기는 자기처럼 아름다운 물고기를 어떻게 무시할 수 있느냐며 불만을 터뜨렸다. 사흘째 되는 날, 물고기는 너무 배가 고파 기운이 하나도 없었다. 물고기는 바다에 있을 때를 떠올렸다. 그때는 열흘 동안 아무것도 먹지 못해도 빠르게 움직일 수 있었다. 그러나 지금은 수영 실력이 예전보다 크게 떨어졌다.

넷째 날, 드디어 어부의 아들이 먹이를 주었다. 그런데 그것은 물고기 먹이가 아니라 아들이 먹다 남은 음식 찌꺼기였다. 그러나 물고기는 너무 배가 고파 이것저것 따질 상황이 아니었다. 물고기는 음식 찌꺼기를 정신없이 삼켰다. 그날 이후 어부의 아들은 계속 음식 찌꺼기만 주었고, 물고기는 계속 불평을 늘어놓았다.

그러던 어느 날 어부가 바다에서 사고가 나 죽었다는 소식이 전해졌다. 어부의 아들은 당장 짐을 싸서 다른 곳으로 이사를 가버렸다. 어부의 아들은 이 물고기를 데려가지 않았다. 물고기는 물 항아리 속에서 "이봐, 날 데려가지. 제발 날 버리지 말아줘"라고 소리쳤다. 그러나 어부의 아들은 신경도 쓰지 않고 떠나버렸다.

Live as brave men; and if fortune is adverse, front its blows with brave hearts.

용기 있는 자로 살아라. 운이 따라주지 않는다면 용기 있는 가슴으로 불행에 맞서라.

사방이 고요한 텅 빈 집 안에 물 항아리와 아름다운 비늘을 가진 물고기 한 마리만 남았다. 물고기는 너무 슬펐다. 어부가 자신에게 잘해주었던 지난날과 곧 죽음을 맞게 될 현실을 생각해보니 자신의 신세가 너무 처량했다. 이제 물고기는 보살펴주는 사람도 없이 물 항아리 속에 갇힌 신세가 되고 만 것이다.

　이때부터 물고기의 불만은 몇 배로 늘어났다. 우선 이 물 항아리는 너무 좁았다. 먹을거리도 아주 형편없었다. 어부의 아들은 자기에게 아주 무례했다. 어부는 왜 그렇게 먼바다에 나갔을까? 그러다 결국 바다의 물고기 친구들이 왜 자기가 바다를 떠나겠다고 했을 때 말리지 않았는지도 원망했다. 물고기는 모든 것이 불만스럽고 원망스러웠지만 오직 단 하나 원망하지 않는 것이 있었다. 바로 자신이었다.

　어느 날 물고기는 꿈을 꾸었다. 아주 큰 부자가 이곳을 지나가다가 우연히 아름다운 자신을 발견해 맛있는 먹이가 있는 큰 저수지로 데려가 기르는 꿈이었다.

　다음 날 아침이 되자 또 다시 새로운 태양이 떠올랐다. 주변은 여전히 고요했고 이 텅 빈 집 안에는 물 항아리와 죽은 물고기 한 마리만 남았다. 그 물고기는 아주 아름다운 비늘을 가진 물고기였다.

자신의 운명을 탓하기만 하고 운명을 바꾸기 위해 노력하지 않는 사람은 가장 먼저 자신의 무능함을 탓해야 한다.

10
끊임없이 행동하고 실천하라

게으른 사람은 행동력이 부족하다. 게으른 사람은 대부분 상상력은 매우 풍부하지만 행동력은 아주 미미하다. 상상력은 거인이고 행동력은 난쟁이와 같은 것이다. 그러나 행운은 부지런한 사람에게만 찾아온다. 가만히 앉아서 기다리기만 하는 사람은 시간만 낭비할 뿐이다.

청나라의 한 시골 마을에 왕란생이라는 청년이 살고 있었다. 부잣집 일곱째 아들로 태어나 부러울 것 없이 자란 그는 어려서부터 도술에 관심이 많았다. 어느 날 노산에 도술에 능통한 신선이 많다는 이야기를 듣자 그는 당장 짐을 꾸려 도술을 배우러 떠났다.

왕란생이 노산에 있는 깨끗하고 조용한 도교 사원을 찾아가니 마침 한 도인이 방석에 앉아 참선을 하고 있었다. 도인은 백발이 옷깃 아래까지 늘어져 있는 데다 맑고 호탕한 정신에 비범한 능력과 기개가 뿜어나오고 있었다. 왕란생은 황급히 도인 앞에 머리를 조아리며 예를 표한 후 대화를 시작했다. 왕란생은 도인과 대화를 할수록 그의 심오한 지혜에 감탄하지 않을 수 없었고 드디어 도인에게 정중히 절을 하고 제자로 삼아달라고 부탁했다.

그러자 도인이 말했다.

"자네는 어려서부터 워낙 귀하게 자라 그 많은 고생을 견뎌낼 수 있을지 의문일세."

왕란생이 서둘러 대답했다.

"걱정 마십시오. 고생할 각오는 되어 있습니다!"

도인에게는 제자가 꽤 많았다. 저녁이 되자 숲에 나무를 하러 갔던 제자들이 모두 사원으로 돌아왔다. 그들은 새로 들어온 왕란생과 공손히 인사를 나누었다.

다음 날 아침부터 왕란생은 도인이 준 도끼를 들고 다른 제자들과 함께 산에 나무를 하러 올라갔다.

그렇게 한 달이 지나자 왕란생의 손과 발에는 온통 굳은살이 박였다. 왕란생은 이런 고생은 생전 처음이었다. 왕란생은 차츰 집에 돌아가고 싶어졌다.

다시 한 달이 지나자 왕란생의 참을성은 한계에 도달했다. 도인은 그동안 도술을 하나도 전수해주지 않았다. 왕란생은 더 이상 기다리지 못하고 도인에게 작별을 고했다.

"저는 사부님에게 가르침을 얻기 위해 먼 길을 마다하지 않고 찾아왔습니다. 그런데 여기에서 이렇게 나무만 하고 있으니 정말 제 자신이 한심합니다. 더구나 사부님은 불로장생법이나 도술을 가르쳐주실 마음이 없으신 것 같습니다. 이곳에 온 지 이미 두 달이 넘었건만 매일 이른 아침부터 늦은 저녁까지 산에서 나무를 하는 것이 고작이었습니다. 제가 왜 이런 고생을 해야 합니까?"

그러자 도인은 허허 웃으며 말했다.

"그래서 처음에 내가 너는 고생을 견딜 수 없을 것이라고 하지 않았느냐? 이미 네가 그렇게 마음먹었다면 내일 아침 일찍 떠나도록 하여라."

도인의 말에 왕란생은 간청하기 시작했다.

"제가 이곳에 있는 동안 얼마나 고생을 했는지 아시지 않습니까? 제발 간단한 도술이라도 하나 가르쳐주십시오. 제가 여기까지 와서 고생한 보람은 있어야 할 것 아닙니까?"

"어떤 도술을 배우고 싶으냐?"

도인이 물었다. 왕란생은 주저하지 않고 말했다.

"평소에 사부님이 돌아다니실 때 벽을 통과하는 것을 보았습니다. 그것 하나만 배울 수 있다면 그저 만족하겠습니다."

도인은 웃으며 그의 간청을 받아들였다. 도인은 왕란생을 담장 앞으로 데리고 가 주문을 외쳤다. 그러나 왕란생은 담장 안으로 들어가지 못하고 머뭇거렸다. 도인은 그에게 다시 한 번 재촉했다.

"한번 해보아라!"

왕란생은 잔뜩 겁먹은 표정으로 천천히 담장 앞으로 걸어갔다. 그러나 담장에 머리가 닿는 순간 그는 넘어지고 말았다. 도인은 그에게 방법을 자세히 설명해주었다.

"고개를 숙이고 아주 빠르게 돌진해야 한다. 절대 머뭇거리면 안 된다. 다시 해보아라."

왕란생은 도인의 말대로 눈을 질끈 감고 담장을 향해 맹렬히 돌진했다. 이번에는 정말 막히는 것이 없었다. 왕란생이 눈을 뜨니 그는 담장 안 쪽으로 들어와 있었다. 왕란생은 너무 신이 났다. 이번에는 반대편에서 담장을 통과하여 다시 제자리로 돌아왔다.

"집에 돌아간 후에도 매일 열심히 수양해야 한다. 그렇지 않으면 도술이 효력을 발휘할 수 없다."

도인은 그에게 노자를 주고 작별 인사를 했다.

고향에 돌아온 왕란생은 노산 도인에게 직접 도술을 전수받았다며 자랑스럽게 떠벌리고 다녔다. 그리고 자신은 두껍고 단단한 벽을 통과할 수 있다고 자랑했다. 왕란생은 아내가 자신의 말을 믿지 않자 도인에게 배운 대로 시범을 보여주기로 했다. 그는 담벼락 뒤로 몇 걸음 물러섰다가 고개를 숙이고 담을 향해 전속력으로 돌진했다. 그러나 머리가 담에 닿는 순간 그는 바닥에 벌러덩 쓰러지고 말았다. 아내는 왕란생의 머리 위에 달걀보다 더 큰 혹이 생긴 것을 보며 웃음을 참지 못했다. 왕란생은 부끄럽고 화가 나 어찌할 바를 몰라 하면서 도인을 욕했다.

천성이 게으른 사람이 도술을 배운다는 것은 불가능한 일이다. 게으른 습관을 고치지 않으면 도술뿐만 아니라 어떠한 작은 일도 이룰 수 없다. 게으른 사람은 그가 있는 곳 사방이 벽으로 둘러싸여 있다고 생각하면 된다. 왕란생의 불행이 게으른 자의 비극이라면 왕란생이 얻은 교훈은 게으른 자들에게 필요한 교훈일 것이다.

다음의 이야기는 게으른 사람의 생각이 얼마나 어처구니없는지를 잘 보여준다.

밀림을 지나던 탐험가가 나무 밑동에 앉아 담배를 피우고 있는 농부를 만났다. 탐험가는 농부에게 인사를 건넸다.

"안녕하세요? 지금 여기에서 무얼 하고 있습니까?"

농부가 대답했다.

"얼마 전 이곳에 나무를 하러 왔는데, 갑자기 폭우가 몰아쳤습니다. 폭우가 끝난 후 살펴보니 내가 베려던 나무가 쓰러져 있었지 뭡니까!"

"정말 운이 좋았군요."

"그렇다고 할 수 있지요. 또 한번은 번개가 쳐서 내가 태워버리려고 모아두었던 건초더미에 불이 붙은 적도 있었답니다."

"정말 대단하군요. 그럼 지금은 무슨 생각을 하고 있습니까?"

"난 지금 지진이 일어나 밭에 있는 감자가 모두 밖으로 튀어나오길 기다리고 있습니다."

게으름은 자기 부정에서 시작된다. 게으른 사람은 스스로 어떤 노력이나 도전도 하지 않고 인생을 의미 없이 흘려보낸다. 그러나 성공한 사람은 게으름이 인생을 낭비하도록 내버려두지 않고 끊임없이 자신을 각성시킨다. 성공은 부지런하고 성실한 사람만이 누릴 수 있다. 이 짧은 인생 안에서 게으름은 자살행위와 다를 바 없다.

11

끈기를 가지고 도전하라

'물방울이 돌에 구멍을 뚫고, 노끈으로 나무를 자를 수 있다'라는 옛말이 있다. 아무리 작고 보잘것없는 힘이라도 끊임없이 노력하면 놀라운 힘을 발휘할 수 있다는 뜻이다.

성공에서 가장 중요한 것은 끝까지 버티는 것이다. 끊임없는 노력과 도전만이 성공을 만들어낸다. 위대한 성공은 대부분 수많은 실패 위에 만들어진다. '실패는 성공의 어머니'라는 말도 있지 않은가? 성공은 실패에 대한 일종의 보상이다. 끝까지 포기하지 않고 버텨낸 사람만이 받을 수 있는 표창장이다.

어떤 기자가 타이타이제약회사의 주바오궈 회장과 인터뷰를 하던 도중 그의 성공 비결에 대해 물었다. 주바오궈가 대답했다.

"끝까지 버티는 것이오."

"그럼 두 번째 성공 비결은 무엇입니까?"

그러자 주바오궈는 아까와 똑같이 대답했다.

"끝까지 버티는 거요!"

기자가 세 번째 성공 비결을 묻자 그는 역시 "끝까지 버티는 거요"라고 대답했다.

타이타이내복액 영업을 총지휘하면서 수억 원의 매출을 달성하는 데 혁혁한 공을 세운 총무부 차장 단이산은 말했다.

"나는 누구에게든 타이타이제약의 주식을 사면 이익을 얻을 것이라고 자신 있게 말할 수 있습니다. 왜냐하면 타이타이제약회사에는 주바오궈 회장이 있기 때문입니다."

노력하면 성공은 자연스럽게 다가온다. 그러나 아무리 노력해도 실패를 피해갈 수는 없다. 성공은 실패와 좌절을 극복하고 끊임없이 노력한 사람만이 누릴 수 있다.

중국 역사 속에는 불굴의 의지로 위대한 업적을 남긴 인물이 매우 많다. 『아큐정전』의 저자 루쉰이 '사학계의 명창', '압운(시가에서, 시행의 일정한 자리에 같은 운을 규칙적으로 다는 일. 또는 그 운) 없는 이소(초나라 굴원의 장편 서사시)'라고 극찬한 『사기』의 저자 사마천은 수천 년이 지난 지금까지 중국 문학계의 빛나는 별로 통하고 있다. 그런데 그가 어떤 상황에서 이렇게 위대한 업적을 이루어냈는지를 알고 나면 더욱 고개가 숙여진다.

한나라 무제는 순간의 화를 참지 못하고 사마천에게 거세라는 끔찍한 형벌을 내렸다. 이것이 얼마나 큰 모욕인지는 누구나 잘 알 것이다. 이 형벌은 사마천에게 정신적으로나 육체적으로 큰 충격과 고통을 안겨주었다. 그는 평생 우울과 고독을 견뎌야 했다. 그는 밖에 나가 마음껏 바람을 쏘일 수도 없었고, 햇살 아래 당당히 자연을 즐길 수도 없었다. 아마 다른 사람 같았으면 진작 삶을 포기했을 것이다. 사마천도 죽음을 생각해보지 않았던 것은 아니다. 어쩌면 죽는 것이 덜 고통스러울지 몰랐다.

하지만 그에게는 꿈이 있었다. 바로 역사서를 편찬하여 과거를 후세에 전함으로써 지나온 역사를 사라지지 않게 하는 것이었다. 이 꿈을 이루기 위해 사마천은 끝까지 버텼다. 그는 신체적 고통을 견뎌내고, 사람들의 온갖 무시와 멸시를 견뎌내고, 잔혹한 정치적 핍박을 견뎌내며 끊임없이 분발하여 『사기』 저술에 몰두했고, 마침내 불후의 명작을 완성시켰다.

사마천이 이렇게 버틸 수 있었던 힘의 원천은 무엇이었을까? 바로 강한 의지이다. 의지란 별게 아니다. 그냥 버티고 버티고 또 버티는 것이다. 만약 사마천이 형벌을 받고 삶의 의욕을 잃어 『사기』 편찬을 포기했다면 지금 우리가 알고 있는 중국 역사는 존재하지 않았을지도 모른다. 그의 작품은 그의 성공과 그 성공을 만들어낸 강한 정신력의 상징이다. 어쩌면 『사기』가 주는 감동은 역사적 진실보다 사마천의 의지력 때문이라고 할 수 있다.

어둠 속에서 출구를 찾을 때는 보통 때보다 더 오랜 시간이 걸린다. 이 순간 가장 필요한 것은 바로 용기이다. 그리고 이렇게 오랜 시간 동안 헤맨 후에 찾아낸 빛은 더 밝을 수밖에 없다. 어떤 시련이 닥쳐와도 스스로에게 "끝까지 버티자. 버티고 또 버티자!"라고 외쳐라.

어떤 사람이 빌 게이츠에게 성공의 비결을 물었다. 그는 말했다.

"목표를 정했으면 끝까지 물고 늘어져야 합니다. 성공한 사람들은 머리가 좋아서가 아니라 한 번 정한 목표를 끝까지 포기하지 않았기 때문에 성공한 것입니다. 나는 그렇게 정한 한 가지, 바로 소프트웨어에만 집중했습니다!"

빌 게이츠의 말 속에는 성공의 두 가지 필요조건이 들어 있다. 첫째, 한 가지 목표를 정하는 것이요, 둘째, 그것을 끝까지 물고 늘어지는 것이다.

돋보기로 태양 광선을 모아 종이 위에 초점을 맞추면 잠시 후 종이에 불이 붙는다. 그러나 만약 초점이 계속 움직인다면 절대 불꽃을 만들어낼 수 없다. 목표를 정확히 겨냥하고 정신을 집중하면 자신이 꿈꾸는 이상을 실현할 수 있다.

목표가 계속 움직이면 아무것도 얻을 수 없다. 사냥꾼은 하루에 들새 100마리도 잡을 수 있다. 그러나 절대 한꺼번에 잡을 수는 없다. 매번 한 마리만 겨누어야 한다. 무리를 향해 총을 쏘면 한 마리도 잡지 못한다. 목표물에 가까워질수록 더 집중해야 한다. 사냥꾼이 마지막 순간에 어느 새를 쏘아야 할지 정하지 못한다면 어떻게 새를 잡을 수 있겠는가?

지금 막 대학을 졸업한 사회 초년생들은 세상을 다 가질 수 있을 것 같은 자신감으로 최선을 다하지만 아주 작은 시련에도 의지가 꺾여 쉽게 꿈을 포기해버린다.

에디슨은 "이 세상의 실패 중 칠십오 퍼센트는 끝까지 버텼더라면 성공할 수 있었을 일이었다"라고 말했다.

Opportunity does not send letters of introduction.

기회는 자기소개서를 보내지 않는다.

성공의 가장 큰 적은 바로 쉽게 포기하는 것이다. 그래서 취업을 하든 창업을 하든 확실한 목표를 정하면 어떤 시련이 있어도 그 자리에 주저앉거나 포기하지 말아야 한다. 좌절과 시련을 겪을수록 더욱 용감하게 끝까지 버티면 반드시 성공할 수 있다. 모두가 당신에게 미쳤다고 돌을 던져도 끝까지 버텨라. 주변 사람들이 모두 떠나가도 끝까지 버텨라. 설사 집안이 망하고 가까운 사람이 세상을 떠나가도 끝까지 버텨라. 끝까지 포기하지 않는 사람은 반드시 꿈을 이룰 수 있다.

미국 작가 잭 런던의 성공 역시 포기하지 않고 끝까지 버텨낸 강인한 정신 위에서 탄생했다. 그는 자신의 작품 속에 나오는 마틴 이든처럼 아무리 어려운 일이 생겨도 버티고 버티고 또 버텼다. 그는 자신에게 주어진 시간을 완벽히 자기 것으로 만들기 위해 노력했다. 종이에 좋은 글귀를 적어서 거울 틈에 끼워두거나, 빨랫줄에 달아놓거나 혹은 주머니 속에 넣어놓고 수시로 소리 내어 읽었다. 그는 자신이 포기하지 않도록 끊임없이 자신을 일깨웠다. 이것이 잭 런던의 성공 비결이다. 그의 소설은 세계 각국에서 번역 출간되었다.

인생은 계단을 오르는 것처럼 한 계단 한 계단 착실하게 단계를 밟아야 한다. 절대 속임수나 요령을 피워서는 안 된다. 한 계단씩 정확히 밟아 올라가야만 정상에 오를 수 있다.

해리스 존스는 1960년대 미국 육상 허들의 영웅이었다. 존스는 참가하는 경주마다 우승을 놓치지 않았고 수많은 신기록을 세우며 세계를 놀라게 만들었다. 그는 자연스럽게 로마올림픽에 미국 대표선수로 선발되었다. 사람들은 그가 110미터 허들 경주에서 금메달을 딸 것이라고 100퍼센트 확신했다.

그러나 아무도 상상하지 못한 일이 일어났다. 그가 동메달에 그치고 만 것이다. 존스 역시 큰 충격을 받았다. 당시 그의 머릿속에 가장 먼저 떠오른 생각은 '어떻게 해야 하지? 이제 육상을 포기해야 하나?'라는 것이었다. 다시 올림픽에 참가하려면 4년을 기다려야 한다. 그러나 그는 올림픽을 제외한 모든 세계선수권대회에서 우승을 차지했었다.

'사 년 동안 힘들고 고생스럽게 훈련을 해서 꼭 올림픽에 나갈 필요가 있을까? 역시 운동을 접고 다른 일을 찾는 것이 현명한 선택일 것이다.'

그러나 해리스 존스는 완벽한 정답을 선택하지 않았다. 그는 이 정답에 만족할 수 없었다.

"내가 일생을 바쳐 이루어야 할 목표가 있다. 이것은 어떤 논리로도 설명할 수 없다."

존스는 다시 훈련을 시작했다. 일주일 내내 하루에 세 시간씩 강도 높은 훈련을 했다. 그리고 110미터 허들 경주에서 세계 신기록을 작성했다.

1964년 2월22일, 존스는 뉴욕 메디슨 스퀘어 가든에서 열린 110미터 허들 경주에 참가했다. 경기가 시작되기 전 존스는 이것이 마지막으로 참가하는 경주라고 선언했다. 그러니 존스 자신이 긴장하는 것은 당연했다. 경기장에 있는 모든 사람의 눈이 존스에게 향해 있었다.

존스는 기존에 자신이 세운 신기록과 타이를 기록하며 우승했다. 그런데 잠시 후 아무도 예상치 못한 일이 일어났다. 당시 메디슨 스퀘어 가든 경기장은 선수가 결승점을 통과한 후, 구부러진 길로 돌아나가야 했기 때문에 관중들을 볼 수 없었다. 그런데 존스는 결승선을 통과한 후 다시 뒤로 돌아나와 고개를 숙여 관중들의 환호에 답례했다. 이에 화답하듯 1,700여 관중은 일제히 존스에게 기립박수를 보냈다. 존스는 무척 감동하여 눈물을 흘렸고, 몇몇 관중도 존스와 함께 눈물을 흘렸다. 한 번 실패했지만 포기하지 않고 다시 일어나 끝까지 도전하는 정신, 팬들은 바로 존스의 이런 점을 높이 평가했던 것이다.

얼마 후 존스는 동경올림픽에 참가하여 110미터 허들 경기에서 13.6초의 기록을 세우며 금메달을 목에 걸었다. 동경올림픽 이후 은퇴한 존스는 한 항공 회사에 들어가 대표이사까지 올라갔다.

해리스 존스의 이야기를 보면 괴테의 명언이 떠오른다.

"경솔하게 행동하지 말고 끝까지 버틸 수 있도록 끊임없이 자신을 채찍질해야 한다. 아무리 못난 사람이라도 이렇게 할 수 있다면 자신이 원하는 목표에 도달할 수 있다. 끈기라는 보이지 않는 힘은 시간이 지날수록 더욱 강력해지기 때문에 어느 누구도 그 의지를 꺾을 수 없다."

영원히 포기하지 않는 끈기는 곧 승리를 의미한다.

겉으로 보이는 실력만으로 한 사람의 능력이나 성공 여부를 판단할 수는 없다. 주변 사람들에게 비웃음을 사더라도 끈기를 가지고 도전하면 반드시 자신이 원하는 결과를 얻을 수 있다. 링컨은 수많은 좌절을 겪었지만 결국 대통령에 당선되었다. 그가 성공하기까지 그 많은 시련을 이겨낼 수 있었던 것은 스스로 정해놓은 목표가 있었기 때문이다. "한 번 실패했다고 포기하지 않듯이 백 번 실패해도 포기하지 않는다." 당신은 링컨을 아는가? 에디슨을 아는가? 이 두 사람에게는 분명한 공통점이 있다. 바로 절대 포기하지 않았다는 점이다. 혹시 저스틴을 아는가? 아마 이 사람이 누구인지 고개를 갸우뚱할 것이다. 그렇다. 우리는 이 사람이 누구인지 모른다. 왜냐하면 그는 성공하기 전에 자신의 꿈을 포기했기 때문이다.

12
절약하는 습관을 가져라

검소한 것과 인색한 것은 다르다. 검소는 미덕이다. 빌 게이츠의 위대한 성공도 검소한 그의 성격과 무관하지 않다.

빌 게이츠는 개성이 아주 강한 사람이다. 돈에 대한 그의 관점만 보더라도 분명히 알 수 있다. 빌 게이츠에게 창업은 인생의 긴 여정과 같고 재산은 그가 만들어낸 부가가치의 측정 잣대일 뿐이다.

"나는 돈을 벌기 위해 일하지 않는다. 돈은 오히려 나를 피곤하게 만들 뿐이다."

"돈은 절대 영원한 행복을 가져다주지 않는다. 사백억 달러를 가진 사람이 일 달러를 가진 사람보다 행복하지 않을 때도 많다."

"나는 이 재산을 잠시 맡아둔 것뿐이다. 최대한 빨리 가장 적당한 용도를 찾아 사용해야 한다."

이상은 돈에 대한 빌 게이츠의 생각이 드러난 말들이다.

빌 게이츠는 돈을 버는 데는 별로 관심이 없었다. 그는 자기가 가진 주식이 올라도 그다지 신경 쓰지 않았다. 그는 돈 때문에 생활방식을 바꾸지도 않았고 일을 하면서 딴생각을 해본 적도 없었다. 빌 게이츠는 어떻게 돈을 벌었느냐고 묻는 사람들에게 말했다.

"당신이 일억 달러를 가지고 있다면 돈이란 한낱 숫자에 불과하다는 사실을 알게 될 것입니다. 돈은 정말 아무런 의미도 없는 것입니다."

빌 게이츠는 물질만능주의자나 돈으로 허세를 부리는 사람을 가장 싫어한다. 그는 어느 인터뷰에서 이렇게 말한 적이 있다.

"이미 습관적인 향락에 빠진 사람은 다시 평범한 삶을 살 수 없습니다. 그러나 나는 언제나 보통 사람들처럼 평범하게 살기를 바랍니다. 나는 언제나 향락을 경계하고 있습니다."

마이크로소프트의 회장이 자신의 재산에 관심이 없고 자기 주식이 오르든 말든 신경 쓰지 않는다는 사실은 언뜻 들으면 정말 이해하기 힘든 일이다. 그러나 빌 게이츠가 자신의 위대한 마이크로소프트 왕국에 대단한 열정을 쏟아붓고 있음은 이미 널리 알려진 사실이다.

돈은 그에게 사업의 부산물일 뿐이다.

다른 기업가들처럼 빌 게이츠도 분산투자에 관심이 많다. 그는 주식과 채권을 보유하고 있다. 빌 게이츠는 분명 천재 경영인이지만 스스로 재정관리에 뛰어나다고 생각해본 적은 없다. 그래서 그는 자기보다 열 살이나 어린 자산관리 전문가에게 개인 재산 50억 달러와 빌 & 멜린다 게이츠 재단의 자금관리를 맡기고 있다.

빌 게이츠는 항상 주변 사람들에게 자신이 열심히 일하는 것은 돈을 벌기 위해서가 아니라고 말한다. 그는 막대한 재산을 소유하고 있지만 이것을 가지고 어떻게 즐길까, 라고 생각해본 적은 단 한 번도 없었다. 그는 돈을 쓸 때 아주 신중했고 돈 때문에 인간 본성이 변하는 것을 가장 경멸하고 경계했다.

그는 수많은 수행원에 둘러싸여 왕처럼 생활하는 것보다는 자유롭게 사람들과 교류하는 것을 원했다. 그래서 그는 어디에서든 우연히 아는 사람을 만나면 늘 예전처럼 친근하게 인사를 건넨다.

"그동안 잘 지냈나? 우리 같이 핫도그 하나 먹을까?"

빌 게이츠는 돈이 많다고 거들먹거리거나 허세를 부리는 사람이 아니다. 한번은 친구와 함께 회의에 참석하기 위해 힐튼 호텔에 간 적이 있었다. 그때 좀 늦게 도착하는 바람에 주차장은 이미 만치였다. 같이 긴 친구는 VIP 주차장에 차를 세우자고 말했다. 그러나 빌 게이츠는 동의하지 않았다. 그러자 친구는 "주차요금은 내가 내겠네"라고 말했다. 그러나 빌 게이츠는 여전히 고개를 흔들었다. 그가 반대하는 이유는 아주 간단했다. VIP 주차장에 차를 세우려면 12달러를 더 지불해야 하는데 빌 게이츠는 이 요금이 너무 과하다고 생각한 것이다. 이처럼 빌 게이츠는 돈을 쓸 때 자신만의 원칙이 있었다.

"요리를 할 때 적당히 양념을 조절하듯 돈을 쓸 때에도 적당한 수준을 지켜야 하네. 소금이 적으면 음식이 싱겁고 아무 맛도 나지 않네. 반대로 소금이 너무 많이 들어가면 너무 짜서 음식을 먹을 수 없다네."

빌 게이츠는 단돈 몇 달러를 쓰더라도 항상 최대한의 효과를 보아야 한다고 생각했다. 그는 평소에도 매우 검소했다. 빌 게이츠와 멜린다는 결혼 후 고급 식당에서 식사를 해본 적이 거의 없었다. 물론 두 사람은 사업상 어쩔 수 없이 고급 식당을 가야 할 때가 있다. 하지만 보통 때에는 거의 패스트푸드를 먹거나 카페에서 식사를 해결했다.

어느 날 빌 게이츠와 멜린다는 멕시코 사람이 운영하는 한 식료품점에 갔다. 이 상점은 시애틀에서 가장 가격이 저렴하기로 유명한 곳이었다. 가게 문을 들어서기 전 빌 게이츠는 문 앞에 '50퍼센트 세일'이라고 적혀 있는 홍보 문구에 시선이 끌렸다. 입구 바로 앞에 있는 진열대에 대형 포장된 건포도 콘플레이크 위에 세일 문구가 붙어 있었던 것이다. 거의 믿을 수 없을 만큼 싼 가격이었다. 주변의 다른 상점에서 이 콘플레이크를 사려면 두 배 이상 돈을 내야 한다. 빌 게이츠는 물건에 이상이 없음을 확인하고 흔쾌히 값을 지불했다. 그리고 멜린다에게 이렇게 말했다.

"확실히 사람들이 말했던 대로인걸. 이렇게 싼값에 콘플레이크를 살 수 있다니 정말 기분 좋은 일이야."

빌 게이츠는 옷을 고를 때도 브랜드나 가격을 중요시하지 않는다. 입어서 잘 맞고 편안하면 그것으로 만족했다. 한번은 전 세계 최고경영자 32명이 모이는 서머파티에 참석한 적이 있었다. 빌 게이츠는 점잖은 슈트를 입었다. 이것은 멜린다가 태국에 갔을 때 디자인이 너무 마음에 들어 남편에게 사준 것이었다. 그러나 이 슈트는 가격이 유명인사나 연예인들이 입는 양복 한 벌의 세탁비밖에 안 되는 것이었다. 빌 게이츠는 값에 상관없이 즐거운 마음으로 이 슈트를 입고 회의에 참석했다. 그에게는 '단돈 일 원을 쓰더라도 그 순간 우리는 행복할 수 있어야 한다'라는 생활신조가 있었다.

빌 게이츠는 중요한 회의가 딱히 없을 때에는 편한 바지에 라운드 티셔츠를 입는다. 그리고 편안한 운동화를 신는다. 물론 이 중에 명품은 단 한 개도 없다.

빌 게이츠는 성공하기 위해서 필요한 것은 돈이 아니라 인간관계라고 강조한다. 빌 게이츠는 창업 자금 대부분을 그가 대학 때 아르바이트해서 번 돈으로 충당했다. 부모에게 받은 돈은 한 푼도 없었다. 이게 바로 많은 사람이 빌 게이츠의 성공을 높이 평가하는 이유 중 하나이다.

현재 마이크로소프트의 직원 연봉은 그 어떤 회사와도 비교할 수 없는 미국 최고 수준이다. 빌 게이츠는 직원들에게 보너스를 줄 때 아깝다고 생각하거나 인색하게 굴지 않았다. 창업 초기 이사급의 연봉은 22만 달러였다. 당시 빌 게이츠의 연봉이 13만 달러였던 점을 생각하면 정말 대단한 일이 아닐 수 없다. 그는 자신이 회사 발전에 가장 많이 공헌한다고 생각하지 않았던 것이다.

마이크로소프트는 또 하나의 놀라운 기록을 만들어내고 있다. 매년 이 회사 직원 수천 명 중 몇십 명이 백만장자 대열에 들어선다는 것이다. 정말 믿기 힘든 사실이지만 마이크로소프트에서는 극히 정상적인 일이었다. 빌 게이츠는 "물론 돈이 자신들의 성공을 상징하기는 하지만 다른 어떤 특별한 의미를 주지는 않는다"고 말한다.

처음 마이크로소프트가 도스와 윈도우를 개인용 컴퓨터에 설치하기 시작했을 때 소비자들은 이것을 당연히 공짜라고 생각하여 부담 없이 이용했고, 얼마 후 윈도우 시스템은 소프트웨어시장의 90퍼센트를 점령했다. 마이크로소프트가 도스를 출시했을 때, IBM은 여러 소프트웨어 회사와 합작했으나 운영체제는 조립이 가능하도록 했기 때문에 소비자들은 자유롭게 제품을 선택할 수 있었다.

Frugality without creativity is deprivation.

창의성 없는 절약은 결핍이다.

소프트웨어 분야의 경쟁이 치열해지자 빌 게이츠는 어떤 대가를 치르더라도 시장을 선점하는 것이 중요하다고 생각했다. 당시 빌 게이츠에게 돈은 중요하지 않았다. 그가 도스 시장을 확장해나가고 있을 때 다른 소프트웨어의 가격은 거의 50~100달러 정도였다. 그러나 빌 게이츠는 거의 공짜나 다름없는 가격인 1달러 50센트로 제품을 공급했다. 윈도우 운영체제가 보편화되면서 이 시스템의 훌륭한 품질 또한 널리 알려졌고 이때부터 사람들은 주저 없이 마이크로소프트의 제품을 구매하기 시작했다.

곧이어 인터넷이 급속도로 발전하기 시작했고, 빌 게이츠는 이번에도 당장의 이익을 접어두었다. 보통 다른 회사들과는 아주 다른 방법으로 경쟁에 뛰어든 것이다. 이때 마이크로소프트는 넷스케이프와 인터넷 브라우저 시장을 다투고 있었다. 빌 게이츠는 엄청난 양의 소프트웨어를 무료로 공급했다. 무료라고는 하지만 사용 설명서와 무료 상담 전화를 이용할 수 있었기에 완전 정품과 다름없었다. 상대적으로 넷스케이프의 영업전략은 매우 보수적이었다. 마이크로소프트는 무료로 제품을 공급하면서 엄청난 손실을 입었지만 덕분에 인터넷 브라우저 시장을 완전히 장악할 수 있었다.

컴퓨터 소프트웨어 분야의 많은 회사가 미처 생각하지 못한 것을 빌 게이츠는 과감히 실행했다. 그는 절대 단기간의 이익을 위해서 전체 사업의 틀을 잡을 수 있는 기회를 놓치지 않았다. 일반적으로 모든 소프트웨어 회사들이 공들여 개발한 훌륭한 제품을 내놓고 적극적인 판촉 활동을 벌인다. 하지만 이렇게 고리타분한 방식으로는 성공 가능성이 없다. 빌 게이츠는 매우 훌륭한 전략적 안목을 발휘하여 곳곳에서 그의 뛰어난 사업 수

완을 증명했다.

빌 게이츠의 아내 멜린다는 이렇게 말했다.

"영업을 해본 사람이라면 중소기업일수록 상품의 판로를 개척하는 일이 얼마나 중요한지를 잘 알 것입니다. 지나치게 낮은 가격으로 제품을 공급하는 것은 어쩌면 회사 입장에서는 아주 위험한 모험일 것입니다. 그러나 빌은 일단 제품이 그 업계의 표준이 된다면 그 이후에는 몇 배 이상으로 가치가 올라간다는 점을 분명히 알고 있었습니다. 그는 항상 저에게 회사를 경영하면서 반드시 지출해야 하는 일이라면 돈을 아끼지 말아야 한다고 말했습니다."

멜린다가 가장 인상 깊었던 일은 빌 게이츠의 영향으로 마이크로소프트의 전 직원이 절약의 가치를 알게 되었다는 것이다. 그래서 어떤 사람들은 이것을 마이크로소프트의 기아(飢餓)철학이라고 부른다. 세계 최고의 갑부가 이러한데 우리는 절약에 대해 얼마나 이해하고 있을까?

일반적으로 사업을 운영하는 사람들은 평소 모아둔 예금으로 자본을 마련한다. 절약하는 습관을 가진 사람은 평생 써도 마르지 않는 재산을 가진 것과 같다. 지금부터 절약하는 습관, 낭비하지 않는 습관을 기르자.

Chapter 2

인품을
수양하는
삶

웃음은 즐겁고 행복한 삶의 태도를 지니게 해주고 타인과 자신에게 너그럽게 대할 수 있는
넓은 도량을 키워주며 이해득실에 연연하지 않는 솔직하고 담백한 마음을 갖게 해준다.
웃음을 수양하는 것은 곧 인품을 수양하는 것이다.

13
웃는 얼굴로 인생을 대하라

근심 걱정은 늘 초대하지 않은 손님처럼 미처 피하기도 전에 들이닥친다. 그렇다면 우리는 어떻게 근심 걱정으로부터 벗어날 수 있을까? 무엇보다 밝고 긍정적인 성격을 길러 근심 걱정의 굴레에서 벗어나도록 해야 한다. 또한 이 세상의 어떤 변화에도 흔들리지 않는 평상심을 길러야 하며 과감히 세상을 변화시킬 용기를 키워야 한다.

미군 병사 딜 휴스는 군병원에 입원해 있었다. 그는 갈비뼈가 세 대나 부러졌고 그중 하나가 폐를 찔렀다. 그 비극은 하와이에서 있었던 수륙 상륙 훈련 도중 일어났다. 딜이 막 소형보트에서 해변으로 뛰어내리려는 찰나 전혀 예상치 못했던 거대한 파도가 덮쳐왔다. 파도는 소형보트를 하늘 높이 들어올렸고 순간 딜은 중심을 잃고 해변으로 떨어졌다. 그때 갈비뼈가 부러지고 그중 하나가 오른쪽 폐를 찌른 것이다.

병원에서 세 달을 보낸 딜은 옛날처럼 정상적인 상태로 돌아갈 기적은 일어나지 않을 것이라는 의사의 말을 들었다. 사고가 나기 전에 딜은 아주 활동적이었다. 그의 삶은 매우 다양한 일로 가득했었다. 그러나 지난 3개월 동안 그가 할 수 있는 것은 24시간 내내 침대에 누워 있는것 뿐이었다. 몸을 움직일 수 없는 대신 온갖 잡생각이 머릿속에 가득 찼다.

딜은 생각하면 할수록 고통스러웠다. 그는 '이 세상에 내가 설 자리가 없어지는 것은 아닐까? 혹시 영원히 장애인으로 비참하게 살아야 하는 것은 아닐까? 결혼도 못하는 것이 아닐까? 과연 정상적인 생활을 할 수 있을까?' 등등 별별 걱정으로 하루하루를 보냈다.

그러나 딜은 진지하게 심사숙고한 끝에 걱정만 하면서 시간을 보내는 것은 인생에 전혀 도움이 되지 않는다는 결론을 내렸다. 딜은 자신이 할 수 있는 일을 찾아보기로 마음먹었다.

그는 가장 먼저 브리지 게임에 흥미를 갖기 시작했다. 그래서 6주 동안 다른 사람들과 함께 브리지 게임에 몰두했다. 그는 게임을 하는 것 외에 브리지 게임과 관련된 책까지 읽어가며 열심히 공부했다. 그리고 마침내 이 게임을 완벽하게 숙지했다. 그 후로 그는 매일 밤새도록 게임을 하느라 정신이 없었다.

딜이 두 번째로 흥미를 느낀 것은 유화였다. 그는 매일 오후 세 시부터 다섯 시까지 미술 선생님의 지도를 받았다. 유화를 배우고 나서는 비누와 목각 공예에 도전했다. 그는 공예 관련 책을 읽으며 아주 열심히 공부했다.

딜은 바쁘게 움직임으로써 상심하고 근심할 틈을 없앴다. 이렇게 6개월이 지난 어느 날 의사는 그에게 몸 상태가 아주 좋아졌다고 말해주었다. 병원에 있는 모든 의료진과 동료는 그에게 축하와 격려를 아끼지 않았다. 그는 퇴원 후 다시 건강하고 정상적인 삶을 살 수 있었다.

마음이 울적할 때는 미국의 전략기획 전문가 조지 케이가 한 말을 떠올려보라.

"미소를 지으면 우울한 마음을 날려버릴 수 있다."

성공한 사람들 대부분이 '웃는 얼굴로 인생을 대하면 행복해진다'라는 말을 좌우명으로 삼았다. 이들은 긍정적인 성격과 태도로 자신의 삶을 밝고 생기 있게 만들었다. 긍정적인 생각을 가진 사람들에게는 확실한 성공 비법이 있다. 그것은 절망 속에서도 삶의 희망을 잃지 않게 해준다. 그 비법은 바로 미소이다.

어떤 노인이 병이 났다. 머리가 아프고, 허리가 아프고, 입맛이 없고, 온몸에 기운이 하나도 없었다. 노인은 약이란 약은 다 먹어봤지만 전혀 소용이 없었다. 어느 날 노인은 아주 용한 한의사가 있다는 말을 듣고 그를 찾아갔다. 한의사는 한차례 보고 듣고 질문하더니 노인에게 처방전을 적어주면서 그대로 약을 지어 먹으라고 말했다. 노인은 약방에 가서 약사에게 처방전을 주었다. 약사가 처방전을 보더니 크게 웃으며 말했다.

"이것은 부인과 질병 처방전이네요!"

노인은 곰곰 생각했다.

'이게 대체 어떻게 된 거야? 용하다고 소문난 한의사가 실수를 했나?'

노인은 다시 한의원을 찾아갔으나, 의사는 이미 자리에 없었다. 한의원 직원이 말하기를, 의사는 한 달 뒤에나 돌아온다고 했다. 어쩔 수 없이 노인은 처방전을 그대로 가지고 집에 돌아왔다. 집에 오는 길에 노인은 멍청한 의사가 멍청한 처방전을 써준 것이 틀림없다고 생각했다.

'세상에, 내가 여성호르몬 분비에 이상이 있는 부인병에 걸렸다니!'

노인은 자기도 모르게 웃음이 터져나왔다. 이날 이후 노인은 그 일을 생각할 때마다 웃음을 참을 수 없었다. 노인은 가족과 친구들에게 이 이야기를 해주었고 사람들은 모두 박장대소했다.

한 달 후 노인은 다시 한의사를 찾아가 허허 웃으며 의사에게 처방전을 잘못 써주었다고 말했다. 그러자 한의사는 당연하다는 듯 여유롭게 웃으며 말했다.

"그 처방전은 제가 일부러 쓴 것입니다!"

노인의 병은 울화병이었다. 그래서 늘 우울했고 이상한 증상들이 나타났던 것이다. 한의사가 노인에게 내린 처방은 바로 웃음이었다. 노인은 그제야 모든 것을 깨달을 수 있었다. 지난 한 달 동안 자주 웃었을 뿐 약한 알 먹지 않는데도 몸은 예전보다 훨씬 좋아졌던 것이다.

이처럼 웃음은 한 사람의 인생을 바꾸어놓을 수도 있다. 웃음은 우리의 건강, 기분, 타인과의 교류, 사업의 성패, 인생의 진정한 의미 등을 결정짓는 중요한 요소이다.

통쾌하게 웃어라. 더 이상 얼음장처럼 차갑고 딱딱한 표정을 짓지 말라. 이것은 누구나 지켜야 할 삶의 기본 태도이다.

Laughter is by definition healthy.

웃음은 그 자체로 건강하다.

언제나 바쁜 우리는 생존에 대한 스트레스에서 벗어나지 못한다. 우리는 자신과 가족의 삶의 질이 떨어지지 않도록 해야 하고, 언제 발생할지 모를 천재지변과 인재에 대비해야 한다. 또 우리는 생로병사에 대한 문제를 해결해야 하고 온갖 다양한 종류의 사람과 교류해야 한다.

그런데 만약 우리가 스스로 고뇌, 걱정, 불만, 분노, 고통을 적절히 조절할 수 없다면 이런 부정적인 감정들은 우리의 육체와 정신에 커다란 상처를 줄 것이다. '근심 하나에 머리가 하얗게 센다'라는 속담처럼 말이다.

자신의 감정을 적절히 조절할 수 있는 가장 좋은 방법은 바로 웃음이다. 웃음만이 긍정적으로 생활할 수 있게 해준다.

'한번 웃으면 10년 젊어진다'라는 속담이 있다. 확실히 항상 즐거운 마음을 가지고 웃음을 잃지 않는 사람은 정신적으로든 육체적으로든 매우 건강하다. 웃음이 근육을 부드럽게 해주고 몸과 마음을 편안한 상태로 만들어주기 때문이다.

웃는 사람은 이 세상이 얼마나 아름다운지 경험할 수 있다. 우리는 이 모든 기쁨을 세상과 함께 나누어야 한다. 웃음은 우리를 긍정적이고 적극적인 사람으로 만들어주는 성공 보증수표이다. 웃음은 즐겁고 행복한 삶의 태도를 지니게 해주고, 타인과 자신에게 너그러이 대할 수 있는 넓은 도량을 키워주며, 이해득실에 연연하지 않는 솔직하고 담백한 마음을 갖게 해준다.

웃음을 수양하는 것은 곧 인품을 수양하는 것이다. 다만, 억지스런 웃음, 가식적인 웃음, 악의를 품은 음흉한 웃음, 득의양양하여 모든 것을 잊은 광인의 웃음, 다른 사람에게 잘 보이려는 간사한 웃음 등은 비록 '웃음'이라고는 하나 멀리해야 한다.

웃는 얼굴로 인생을 맞이하는 사람은 항상 근심 걱정을 멀리할 수 있고, 자신감 있게 하루를 시작할 수 있으며, 스스로 즐거움을 찾을 수 있고, 그 즐거움을 완전히 자기 것으로 만들 수 있다.

14
과감히 목표를 향해 돌진하라

웅크리고 앉아 한없이 앞뒤만 재면서 머뭇거리는 사람은 아무리 능력이 뛰어나도 절대 성공할 수 없다. 성공하고 싶다면 이 점을 반드시 기억하라.

휘잉둥은 유명한 화교 상인 기업가이다. 휘잉둥의 손을 거쳐간 회사는 리신부동산회사, 신더, 요우롱 등 60여 개가 넘고 이들 회사는 항공, 부동산, 석유, 건축, 호텔, 백화점 등 다양한 업종을 아우르고 있다. 또한 휘잉둥은 국제축구연맹 집행위원, 국제배드민턴연합회 명예회장, 중국 전국정치협회의 상임의원, 홍콩 중화총상회 부회장, 홍콩 부동산건설협회 회장 등 수많은 직책을 역임한 기업가이다.

휘잉둥은 흔히 말하는 가난을 이겨낸 갑부 중에서도 최악의 가난을 경험한 사람이다. 그런 휘잉둥이 눈부신 성공을 거둘 수 있었던 비결은 무엇일까?

휘잉둥은 1923년 홍콩에서 태어났다. 어린 시절 그의 가족은 삼판(항구

안에서 사람이나 짐을 실어 나르는 중국식의 작은 돛단배)을 타고 떠돌아다니며 살았다. 휘잉둥이 일곱 살 때 아버지가 폭풍우에 휩쓸려 죽고 난 후, 집안의 생계는 어린 휘잉둥과 어머니의 책임이 되었다. 휘잉둥 가족은 폐병환자가 우글거리는 빈민촌의 낡은 건물에서 공동생활을 했다. 당시 어머니는 외국 선박에서 내리는 석탄을 부둣가 창고로 나르는 일을 했다. 하루 종일 힘들게 일해도 간신히 가족들 입에 풀칠하는 정도밖에는 안 되었다. 그러나 이렇게 어려운 환경 속에서도 그의 어머니는 돈을 모아 휘잉둥을 학교에 보냈다. 휘잉둥은 당시를 이렇게 회상한다.

"그때 나는 학교에서 정말 열심히 공부했습니다. 수업이 끝나면 곧바로 어머니가 일하는 곳으로 달려가 장부를 기록하거나 영수증을 대신 전달해주는 일을 했습니다. 주경야독하면서 제대로 먹지도 못했으니 하루하루 기력이 쇠해질 수밖에 없었지요."

그때 중일전쟁이 일어났고, 그로 인해 휘잉둥 가족은 형편이 더욱 어려워졌다. 휘잉둥은 어쩔 수 없이 학교를 그만두고 돈을 벌어야 했다. 18세 때 휘잉둥이 처음으로 구한 일자리는 연락선의 석탄공이었다. 휘잉둥은 다시 한 일본인이 투자하는 비행장 확장 공사 인부 자리를 구했다. 그가 하루 종일 힘들게 일하고 받는 일당은 쌀 200그램에 7마오(角, 元의 10분의 1)뿐이었다. 그는 공사판에서 중노동을 하면서도 하루 종일 떡 한 개와 죽 한 그릇밖에 먹지 못했기에 항상 허기가 졌고 어지럼증에 시달렸다.

그러던 어느 날 휘잉둥은 커다란 석유통에 눌려 손가락뼈가 으스러지고 말았다. 작업반장은 그를 불쌍히 여겨 힘을 좀 덜 들이고 일할 수 있는 트럭 수리공으로 보냈다. 그러나 늘 허기와 어지럼증을 달고 사는 휘잉둥이 화물을 운반하는 것은 쉬운 일이 아니었다. 어느 날 그는 운전 연습을 하려고 트럭에 올랐다가 큰 사고를 내고 말았다. 하필이면 고장 난 트럭을 타는 바람에 시동을 걸자마자 차가 담벼락으로 돌진해버렸던 것이다. 이 일로 사장은 크게 화를 내며 그를 해고했다.

그 후 휘잉둥은 리벳(대가리가 둥글고 두툼한 버섯 모양의 굵은 못)을 다루는 일도 하고 설탕 공장에서 직공으로 일하는 등 여러 곳을 전전했다. 그러나 휘잉둥은 온갖 시련과 고통을 겪으면서도 누구보다 강한 의지력과 과감한 도전 정신을 키웠다.

제2차 세계대전이 끝나자 홍콩에는 운수업의 수요가 폭발적으로 증가했다. 휘잉둥은 이 시기를 놓치지 않았다. 그는 친구의 도움을 받아 저렴한 운수 용구를 사들였다. 그리고 단기간에 큰 이익을 남기고 되팔았다. 곧이어 한국전쟁이 일어나자 휘잉둥은 다시 한 번 기회를 잡았다. 휘잉둥은 이번에도 친구의 도움을 받아 소화물 운수업을 시작했다. 탁월한 경영 능력과 해박한 지식, 그리고 과감한 결단력에 힘입어 휘잉둥의 사업은 빠르게 성장했고 곧 홍콩 운수업계에 두각을 나타내기 시작했다.

그러나 그는 이런 작은 성공에 만족하지 않았다. 한국전쟁이 끝난 후 그는 홍콩의 부동산 시장이 크게 활기를 띨 것이라 예상하고 과감히 부동산 시장에 뛰어들었다. 1954년 그는 리신부동산회사를 설립해 중국 최초로 '선분양 후시공' 제도를 도입했다. 회사는 놀라울 정도로 빠르게 발전했고 창립한 지 몇 년 만에 홍콩 부동산업계의 각종 기록을 갈아치웠다.

휘잉둥은 연이은 성공에도 만족하지 않고 또 다시 새로운 분야에 도전했다. 1960년대 초 홍콩에는 아직까지 바닷모래 채취 사업을 시도한 사람이 아무도 없었다. 바닷모래 채취는 비용이 많이 드는 데 비해 이윤이 적어 돈이 안 됐기 때문이다. 그러나 훠잉둥은 1961년 말 영국으로 가는 길에 방콕을 지나다가 태국의 항만 사업부로부터 120만 달러짜리 준설선을 구입했다. 이 배는 길이 70미터에 무게가 1,890톤이나 나가는 대형 선박이었다. 훠잉둥은 이 배에 요우룽4호라는 이름을 붙이고 본격적으로 바닷모래 채취 사업에 뛰어들었다. 계속해서 그는 세계 각국 조선소에서 각종 설비를 갖춘 바닷모래 채취 전용선을 구입했다.

훠잉둥의 사업 방식은 확실히 남달랐다. 빌 게이츠와 마찬가지로 훠잉둥 역시 당장의 수익은 일단 접어두었다. 대신 홍콩정부와 장기적으로 안전한 이익이 보장되는 독점 계약을 체결했다. 이 계약으로 훠잉둥은 홍콩 바닷모래 채취에 독점권을 행사할 수 있게 되었고, 그 후 바닷모래 채취 시장이 커지자 이익은 눈덩이처럼 불어났다.

훠잉둥의 회사 요우룽은 불과 2년여 만에 눈부시게 성장하여 크고 작은 선박 90여 척 외에 12척의 바닷모래 채취 전용선을 보유하게 되었다.

홍콩 반환 이후 훠잉둥은 중국 공산당과 중앙정부의 요청을 받아들여 중국에 막대한 자본을 투자했다. 그중 대표적인 것이 광저우의 바이톈어 호텔과 중산온천호텔이다. 훠잉둥의 투자는 중국 건설업을 크게 발전시켰고, 이로써 그는 명예까지 얻게 되었다. 중국 공산당과 중앙정부 주요 인사들은 훠잉둥이 조국의 재건 사업에 크게 이바지했다며 칭찬을 아끼지 않았다.

To follow, without halt, one aim: There's the secret of success.

멈추지 말고 한 가지 목표에 매진하라.
그것이 성공 비결이다.

다웰 지방에 극심한 경기 불황이 지속되면서 공장과 상점이 하나둘 문을 닫기 시작했고, 창고에 산더미처럼 쌓여 있던 재고는 헐값에 처분되었다. 덕분에 1달러로 양말을 100켤레나 살 수 있었다. 이때 방직 공장의 초보 기술자로 일하고 있던 존은 모든 예금을 털어 덤핑 판매되는 물건을 사들였다. 주변 사람들은 어리석은 짓이라며 그를 말렸으나, 그가 말을 듣지 않자 대놓고 멍청한 놈이라고 비아냥댔다.

그러나 존은 다른 사람들이 비웃거나 말거나 상관하지 않았다. 그는 계속해서 공장에서 쏟아져나오는 물건을 사들이고는 빌린 큰 창고에 그대로 쌓아두었다. 존의 아내는 남편에게 제발 쓸모없는 물건들을 사들이지 말라고 애원했다. 그들이 몇 년 동안 열심히 모아놓은 예금은 안전히 바닥나버렸다. 아내는 아이들이 곧 학교에 들어가야 하는데 어찌해야 좋을지 막막하기만 했다. 만약 이렇게 물건을 사들였다가 본전도 못 건지는 날에는 정말 큰일이었다.

그러나 존은 걱정하는 아내를 달랬다.

"걱정 말아요. 삼 개월 안에 우리는 이 물건들 덕에 큰 부자가 될 거요."

며칠이 지나 더 이상 헐값으로도 재고를 처분할 수 없게 되자 공장 주인들은 남은 물건을 트럭에 싣고 가서 태워버렸다. 재고가 남아 있는 한 값은 계속 떨어질 것이기 때문에 어쩔 수 없었다. 사람들이 남은 물건을 모두 태워버리는 것을 보자 존의 아내는 더욱 불안해졌다. 아내는 존을 원망했지만 존은 한마디도 하지 않았다.

다웰의 상황이 이 지경에 이르자 정부에서 긴급 조치를 취하기에 이르렀다. 경기 회복을 위해 먼저 공장과 상점에 대대적인 지원을 시작했다.

그러나 이미 너무 많은 물건을 태워버린 후라 다웰에는 물품 품귀 현상이 일어났고 물가는 하루가 다르게 치솟았다. 존은 곧바로 창고에 있는 물건을 시장에 내놓았다. 물건은 날개 돋친 듯 팔려나갔고 존은 순식간에 큰 부자가 되었다. 곧 물가는 폭등세를 멈추었다.

존이 계속해서 물건을 풀어놓으려 할 때 아내는 좀 더 기다렸다가 값이 더 오르면 팔자고 했다. 그러나 존은 담담한 어조로 아내를 설득했다.

"지금이 바로 물건을 풀어놓을 때요. 더 시간을 끌면 반드시 후회하게 될 거요!"

과연 존이 물건을 팔고 나자 물가는 오히려 다시 떨어지기 시작했다. 존의 아내는 남편의 선견지명에 탄복하지 않을 수 없었다. 존은 이렇게 번 돈으로 백화점 사업을 시작했고 곧 크게 성공했다. 그리고 지금은 미국 재계에 큰 영향을 끼치는 거물급 경영인이 되었다.

당신이 어떤 상황에 처해 있든 어떻게 성공하고 싶든 절대 주저하거나 머뭇거리지 말라. 이것은 성공으로 가는 첫 번째 과제이다.

15

100퍼센트 실행하라

생각은 그냥 생각일 뿐이다. 늘 성공을 꿈꾸어도 행동하지 않으면 평생 성공에 다가갈 수 없다. 성공하고 싶다면 지금 당장 행동하라. 다른 특별한 성공 비결은 없다. 더 이상 생각할 필요도 없다. 상상은 영원히 상상일 뿐이다.

아범제(위구르족 민간 설화 속의 노인. 기지 있고 선량하며 유머러스하고 낙관적인 사람을 의미함) 이야기 중에 재미있는 일화가 있다.

한 노인이 달걀을 보며 이런 상상을 했다.

'정말 대단해. 달걀을 부화시키면 병아리가 되고, 병아리가 자라면 다시 달걀을 낳을 수 있는 닭이 되잖아. 닭이 달걀을 많이 낳으면 병아리가 더 많아지고 그러면 닭도 더 많아지겠지. 그 닭들이 또 달걀을 낳고 달걀은 닭이 되고 또 닭이 달걀을 낳으면…… 우와! 정말 대단해.'

이렇게 생각이 꼬리에 꼬리를 물고 일어나니 마치 눈앞에 금은보화가 산더미처럼 쌓여 있는 것 같았고 자신은 어느새 화려한 궁전에 살고 있었다.

그 순간 갑자기 '픽' 하는 소리가 들려왔다. 달걀이 땅에 떨어져 깨져버린 것이다. 달걀이 깨지면서 노인의 꿈도 함께 깨졌다. 모든 꿈은 '픽' 소리와 함께 연기처럼 사라졌다.

상상이란 얼마나 쓸모없는 짓인가? 상상만으로는 아무것도 얻지 못한다. 상상을 현실로 만들어 삶의 질을 높이고 인생을 바꾸고 싶다면 방법은 행동하는 것뿐이다.

제2차 세계대전이 끝나고 시티는 미국 우편국에서 세관 업무를 담당하게 되었다. 처음에는 일이 재미있었지만 5년쯤 지나자 조금씩 생각이 바뀌었다. 종종 일의 한계를 느낄 때가 있었고, 정해진 시간에 출근하고 퇴근하는 틀에 박힌 생활이 싫증이 났다. 적은 봉급과 아무리 열심히 일해도 수년 안에는 승진할 수 없는, 근무 햇수를 따지는 융통성 없는 인사제도도 불만스러웠다.

어느 날 시티는 아주 기발한 생각을 떠올렸다. 그는 5년 넘게 세관 업무를 하다 보니 매일 보고 들어서 알게 된 무역 관련 전문 지식이 상당해진 데 착안했다.

'무역 회사를 차릴 생각을 왜 좀 더 일찍 하지 못했을까?'

그는 자신이 알고 있는 무역 회사 사장 중 자기보다 무역에 대해 잘 아는 사람은 없을 것이라고 자신했다.

시티가 창업을 생각한 후 10년이 흘렀다. 그러나 그는 여전히 10년 전 모습 그대로 세관 업무를 처리하고 있다. 직장생활은 여전히 불만스러웠고 그는 지금도 매일 자신이 완구 무역 사업을 하는 꿈을 꾼다. 그러나 여전히 생각뿐이다. 10년이 지나도록 그는 아무런 행동도 취하지 않았다. 그리고 꿈은 여전히 꿈으로만 남아 있다.

옛날에 스촨성 작은 마을의 어느 절에 두 스님이 있었다. 한 스님은 아주 부유했고 다른 한 스님은 아주 가난했다. 어느 날 가난한 스님이 부유한 스님에게 물었다.

"나는 남쪽 바다에 다녀오려 하는데 같이 가겠소?"

어리둥절한 표정으로 부유한 스님이 되물었다.

"아니, 당신이 그 먼 곳까지 어떻게 간단 말이오?"

"물병과 밥사발만 있으면 충분하지요."

그러자 부유한 스님이 비웃으며 말했다.

"나도 남쪽 바다에 가려고 몇 년 전부터 준비하고 있소. 배도 한 척 사려고 하는데, 아직은 그만한 돈을 마련하지 못했소. 배도 없이 물병과 밥사발만으로 어떻게 남쪽 바다까지 간단 말이오?"

그러나 1년 뒤, 남쪽 바다에 갔던 가난한 스님이 돌아왔다. 부유한 스님은 가난한 스님의 남쪽 바다 여행 이야기를 들으며 자신이 너무 한심하고 부끄러웠다.

부유한 스님도 가지 못했는데, 땡전 한 푼 없는 가난한 스님은 어떻게 먼 남쪽 바다에 다녀올 수 있었을까?

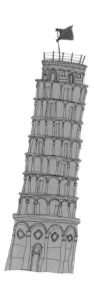

A goal without a plan is just a wish.

계획 없는 목표는 한낱 꿈에 불과하다.

가난한 스님은 생각과 동시에 과감히 실행했다. 그러나 부유한 스님은 평생 생각만 하다가 끝내 생각으로 그치고 말았다.

우공이산(愚公移山). 원래 어리석은 영감이 산을 옮긴다는 뜻으로, 쉬지 않고 꾸준하게 한 가지 일만 열심히 하면 마침내 큰일을 이룰 수 있음을 비유한 말이라는 속담도 실천과 관련 있는 훌륭한 예이다. 우공은 매일 쉬지 않고 산을 파내어 다른 곳으로 옮겼다. 우공의 친구 지수는 이런 그를 보고 비웃었다. 그러나 우공은 비웃음에 신경 쓰지 않고 계속해서 열심히 산을 파냈고 마침내 태행산과 왕옥산을 옮기는 데 성공했다.

이야기 속의 우공은 절대 어리석지 않고 지수는 절대 지혜롭지 않다. 이것은 역설적 표현이다. 우공은 생각만으로는 아무것도 이룰 수 없다는 사실을 잘 알고 있었다. 그래서 그는 적극적인 자세로 끊임없이 도전한 결과 자연을 정복할 수 있었다.

사람은 반드시 이상을 꿈꾸어야 하지만 절대 상상 속에만 머물면 안 된다. 상상에 갇힌 사람은 영원히 제자리만 맴돌 뿐 성공에 가까이 가지 못한다.

16
타인과 비교하지 말라

우리는 모든 일과 관련해서 습관적으로 타인과 비교를 한다. 이웃 혹은 친구나 가까운 친척, 심지어 가족까지도 비교 대상이 되는데, 이렇게 타인과 비교하면 항상 부족한 것만 보이고 세상이 불공평하다는 생각이 들게 마련이다. 타인과 비교하면 늘 부족하고 화가 나지 않던가. 그러니 위를 보지 말고 아래를 보자.

이 세상에 완벽한 삶을 살아가는 사람이 얼마나 있을까? 아니, 있기는 할까? 누구든지 크고 작은 문제점이 있다. 서로 깊이 사랑하고 경제적으로 안정된 가정을 일구었으나 불행히도 아이를 갖지 못하는 부부가 있는가 하면, 출중한 외모와 훌륭한 재능을 겸비했음에도 정신적인 고통에 시달리는 사람도 많고, 주체할 수 없을 정도로 많은 재산이 있으나 자식 농사를 망쳐버린 이들도 있다.

자신의 단점과 타인의 장점을 비교하며 살아가는 이들은 당연히 자신의 장점을 발견하지 못한 채 자책하고 하늘을 원망한다. 결코 객관적이지 못한 잣대로 그렇게 매번 비교해봤자 돌아오는 것은 오직 자격지심뿐이다.

물론 타인과 비교하면서 그의 장점을 적극적으로 배우는 사람도 있다. 그들은 결코 자신을 원망하거나 부정하지 않으며, 자기계발을 위해 적극 노력한 만큼 긍정적인 결과를 거두기도 한다.

산책을 하려고 홀로 화원에 들어선 왕이 있었다. 그런데 화원은 꽃과 나무가 모두 시들거나 죽어 있는 황량한 풍경이었다. 어찌된 영문일까? 나중에 그 연유를 알게 된 왕은 실로 어처구니가 없었다.

상수리나무는 소나무처럼 쭉쭉 뻗지 못하는 것을 비관하여 목숨을 끊었고, 소나무는 포도나무처럼 주렁주렁 열매를 맺지 못하는 것이 슬퍼서 스스로 죽음을 선택했다. 포도나무넝쿨은 하루 종일 옆으로만 누워 있어야 하고 복숭아나무처럼 예쁜 꽃을 피울 수 없다며 삶을 포기했고, 나팔꽃은 라일락처럼 달콤한 향기를 뿜어낼 수 없다며 탄식만 하다가 죽음을 맞았다. 그리고 다른 꽃과 나무들도 자신을 비관하여 시들거나 죽어가고 있었다.

그런데 그중에 단 하나만이 무성하게 자라 있었다. 바로 연약하고 볼품 없는 삼색제비꽃(팬지)이었다.

왕이 삼색제비꽃에게 물었다.

"삼색제비꽃아, 다른 나무들은 모두 삶을 포기했는데 너는 어쩜 이토록 용감하고 씩씩하게 살아 있느냐?"

삼색제비꽃이 대답했다.

"폐하, 저는 실망할 일이 없답니다. 상수리나무, 소나무, 포도나무, 복숭아나무, 나팔꽃, 라일락이 시들어 죽었으나 폐하께서 명령만 내리시면 곧 정원사가 다시 심고 가꿀 것이니 그것은 제가 걱정할 필요가 없는 일입니다. 제가 해야 할 일은 제 모습을 있는 그대로 보여주는 것뿐입니다. 이름처럼 아주 작고 여린 삼색제비꽃의 모습 그대로 말입니다."

우리를 둘러싸고 있는 근심 걱정은 대부분 높은 곳에 있는 사람과 비교할 때 생겨난다. 그 때문에 자신의 삶을 초라하고 무의미한 것으로 느낄 때가 얼마나 많은가.

어느 날 기분 좋게 식사를 마친 하느님은 갑자기 재미있는 생각을 떠올렸다.

'만약 세상의 모든 동물에게 자신이 원하는 삶을 선택할 수 있도록 기회를 준다면 어떻게 될까?'

그래서 하느님은 모든 동물을 모아놓고 종이를 나눠준 뒤, 거기에 자신이 원하는 삶을 적어내도록 했다. 동물들에게 종이를 건네받은 하느님은 참으로 어처구니가 없었다.

쥐의 선택은 이랬다.

"만약 다시 태어난다면 고양이가 될 거예요. 가만히 앉아 주인이 주는 음식을 먹으며 평생 편안하게 사랑을 받으면서 살고 싶어요. 그러면서 가

All would live long, but none would be old.

모두가 오래 살고 싶어·하지만 아무도 늙고 싶어 하지는 않는다.

끔찍 맛난 생선을 먹는 삶, 정말 아름답지 않나요?"

그렇다면 고양이의 선택은 어땠을까?

"다시 태어난다고요? 그럼 쥐가 될래요. 그동안 주인 몰래 생선을 훔쳐먹다 걸려서 죽도록 맞은 적이 한두 번이 아니랍니다. 그런데 쥐는 온 주방을 헤집고 다니면서 마음껏 먹고 마셔도 맞을 일이 없잖아요. 쥐 앞에서 사람들은 속수무책이죠."

이제 닭의 이야기를 들어보자.

"나는 매가 되고 싶어요. 매는 푸른 하늘을 자유롭게 날아다니면서 닭이나 토끼를 맘대로 잡아먹을 수 있잖아요. 지금 저는 닭장에서 알이나 낳고 아침마다 울어대는 것 외에는 아무것도 할 수가 없어요. 게다가 사람들에게 언제 잡아먹힐지 모르고요. 불안해서 하루도 편히 지낼 수가 없어요."

그렇다면 매는 어땠을까?

"나는 닭이 될래요. 목이 마르면 물통에 담긴 물을 마시면 되고 배가 고프면 먹이통에 있는 모이를 먹으면 그만 아닙니까? 게다가 밤에는 주인의 보호를 받으며 닭장에서 편히 잠을 자고요. 그런데 우린 어떻습니까? 일 년 내내 세상을 떠돌아다니며 온몸으로 비바람을 견뎌야 해요. 이렇게 사는 건 정말 피곤하다고요!"

돼지의 선택은 다음과 같았다.

"나는 소가 되고 싶어요. 물론 일을 많이 해야 하니까 고달프긴 하겠죠. 하지만 그 덕분에 사람들에게 사랑을 받잖아요. 그런데 아시다시피 우리 돼지들은 멍청함과 게으름의 상징입니다. 왜, 사람들이 게으른 사람을 욕할 때 '이 돼지 같은 놈아!' 이러잖아요."

반면, 소는 돼지가 되고 싶어 했다.

"우리 소들은 하루 종일 힘들게 일하면서 먹는 거라고는 고작 풀뿐이죠. 우유까지 짜내면서 말입니다! 그런데 돼지는 얼마나 행복합니까? 먹다가 지치면 자고, 자다가 지치면 일어나서 또 먹고, 그러니 살이 포동포동 올라서 보기에도 얼마나 좋아요. 신선이 따로 없다니까요."

동물들의 선택이 재미있지 않은가? 그런데 무엇보다도 압권은 사람의 선택이었다. 남자들은 대체로 이렇게 선택했다.

"여자가 될 겁니다. 애교만 좀 부려주면 뭐든 되잖습니까? 왕비도, 공주도, 부잣집 마나님도 될 수 있다고요. 그런데 가장 중요한 건 결국 여자가 남자를 지배한다는 사실이죠. 여자들은 붉은 치마폭 아래에 남자들을 무릎 꿇게 만드는 존재입니다."

이와 달리 여자들은 이런 선택을 내렸다.

"남자로 만들어주세요. 남자들은 자기가 원하는 건 뭐든 다 할 수 있잖아요. 마음만 먹으면 황제가 될 수도 있고, 왕자나 대감마님 혹은 멋진 아버지가 되기도 하죠. 무엇보다 남자들은 여자를 하인처럼 부려먹잖아요?"

결국 하느님은 폭발하고 말았다.

"너희는 어째서 위만 보고 사느냐! 만족이라고는 눈곱만큼도 모르는 어리석은 것들!"

하느님은 종이를 갈기갈기 찢어버리고는 엄한 목소리로 말했다.

"모든 생물들은 지금 그대로 살아라!"

속사정을 알지 못한 채 겉만 보고 타인의 삶을 부러워하지 말라. 사람이라면 누구나 근심 걱정이 있게 마련이다. 우리가 해야 할 일은 자신의 장점을 찾아내고 긍정적인 사고방식을 키우는 것이다. 긍정적인 시각으로 세상을 바라보라. 자신이 가지고 있는 것이 갖지 못한 것보다 훨씬 소중하다는 사실을 깨닫게 되리라. 또한 자신의 단점까지도 사랑하는 것은 어려운 일이지만 자신의 일부로 인정하고 받아들여 조금씩 고쳐 나아가라. 자신과 남을 비교하는 것으로 시간을 헛되이 보내지 말고, 자신이 가진 것을 더욱 아끼고 소중히 여기라. 이것이 곧 인생을 행복하게 가꾸는 비결이다.

17

경험을 맹신하지 말라

사람들은 자신 혹은 타인의 경험을 당연한 것으로 받아들인다. 이미 누군가 경험한 것을 언제 어디서나 적용되는 보편적 진리라고 착각한다. 이 때문에 정확한 상황을 파악하지 못하고 과거의 틀 속에서 벗어나지 못한다. 과거의 경험은 절대 진리가 아니다. 과거의 경험을 그대로 따라하거나 그것 때문에 현재의 생각이나 행동에 제한이 있으면 안 된다.

중국 청나라 말기에서 중화민국 초기의 정치가이자 학자인 캉유웨이는 중국 근대 변법운동을 주도한 지도자이다. 캉유웨이는 유명한 학자 집안에서 태어나 어려서부터 훌륭한 가정교육을 바탕으로 다양한 서적을 접하면서 박식한 지식을 쌓았다. 그는 부유한 집안 형편 덕분에 남들보다 일찍 서양의 문물과 학문을 접할 수 있었다.

서양 학문을 접한 캉유웨이는 서양 사람들이 무엇보다도 기술을 중요시한다는 사실을 알았다. 그래서 그는 중국의 전통적 편견을 버리고 서양 학문을 받아들였으며 이때부터 서구 선진국을 모델로 삼아 변법자강운동을 계획하기 시작했다.

중일전쟁의 패배는 중국에 매우 큰 타격을 주었다. 시모노세키조약으로 중국의 반식민지화는 가속화되었고 서구 열강의 영토 분할을 더욱 부채질하여 중화민족은 망국 멸종의 위기에 처했다. 캉유웨이는 회시(會試, 향시鄕試에 합격한 거인들이 3년에 한 번 모여 치르는 시험)에 참가하기 위해 베이징에 모인 1,300여 명의 거인(擧人, 지방 향시에 합격한 사람들에게 주어지는 자격 명칭)을 선동하여 광서 황제에게 상소를 올렸다. 일본에 강력히 대항하고 수도를 옮겨 변법을 시행할 것을 주장하는 내용이었다. 비록 이 상소문은 황제에게 전달되지 않았지만 지식인 사이에 변법의 기운을 고조시키고 이후 변법자강운동을 촉진시키는 데 매우 중요한 계기가 되었다.

캉유웨이는 혼란스럽고 급변하는 중국 사회 속에서 분명히 남다른 시야를 지닌 인물이었다. 그는 당시 중국이 변법을 시행하는 것 외에 희망이 없다는 사실을 절실히 깨달았다. 그리하여 기회가 오자 강력한 변법자강운동을 실행했다.

그러나 캉유웨이는 이론에 얽매인 이상주의자의 한계를 벗어나지 못했다. 그는 오직 책 속에 적혀 있는 다른 사람의 경험에만 의지한 채 중국의 구체적이고 현실적인 상황을 정확히 파악하지 못했다. 무엇보다도 위에서 아래로 실행된 변법 방식이 가장 큰 실패의 원인이었다. 물론 기존 보수 세력의 힘이 아직 강대했던 것이 변법 실패의 주요 원인이기도 했지만 서양의 경험을 중국 실정에 맞도록 융통성 있게 바꾸거나 구체적인 방안을 제시하지 못했던 것이 더 큰 문제였다. 결국 캉유웨이가 서양의 경험을 그대로 답습하는 과오를 범함으로써 그의 변법운동은 실패할 수밖에 없었다.

다른 사람의 성공 경험을 그대로 복제해올 수는 없다. 다른 사람이 확실히 성공한 방법이라도 그것을 그대로 내가 이용했을 때 똑같은 효과가 보장되는 것은 아니다.

1990년대 중국의 한 기업이 CCTV의 광고 공개 입찰에서 황금 시간대를 낙찰받아 큰 수익을 올렸다. 이 회사는 이후에도 방송 광고에 더 많은 자금을 투자했고 계속해서 큰 수익을 얻었다. 그러자 이것을 부러워하던 경쟁 회사도 막대한 자금을 투자하면서 방송 광고 사업을 통한 성공을 꿈꾸었다. 결과는 어떠했을까? 당신이 예상한 대로이다.

친츠그룹은 원래 이름 없는 지방의 작은 주류 회사였다. 그러나 친츠는 당시 어느 누구도 예상치 못했던 상상을 초월하는 '최고가'를 기록하며 CCTV 황금 시간대 광고를 낙찰받았다. 친츠는 곧 유명세를 탔고 이 광고 하나로 큰 수익을 거두었다.

CCTV 황금 시간대 광고를 내보낸 그해, 친츠의 매출액은 열 배 이상 증가하여 10억 위안에 달했다. 이것은 중국의 기업 발전 역사에 '친츠 기적' 혹은 '친츠 속도'라는 말을 만들어낼 정도의 수확이었다.

광고는 확실히 성공했다. 이 일을 계기로 인지도가 낮았던 지방의 주류 회사가 하루아침에 13억 중국인의 머릿속에 명품 브랜드로 각인되었고, 현대사회에서 미디어가 만들어내는 경제적 파급 효과가 어느 정도인지를 확실히 증명했다.

다음 해에도 친츠는 고삐를 늦추지 않고 3억 2천만 위안으로 다시 최고 가를 경신하며 연이어 CCTV 황금시간대 광고를 낙찰받았다. 그러나 친 츠 방식이 성공적이었던 것만은 아니다. 무엇보다도 광고를 가장 중요시 했던 친츠의 행보로 말미암아 중국 소비 시장에 진출한 모든 기업은 강력 한 미디어의 지배하에 들게 되었다. 또한 친츠의 독주로 말미암아 수많은 중소 주류 회사들은 도산의 위기에 몰렸고, 중국 바이지우(白酒, 배갈·고 량주) 시장은 최후의 발악을 해야 했다.

2년 연속 CCTV 황금 시간대 광고 최고가를 갱신한 친츠의 지명도는 중국 전체에 널리 알려졌지만 지명도가 곧 소비자의 구매 행위로 이어지 는 것은 아니다. 바이지우 시장의 전반적인 침체와 정부와 대중매체의 비 난, 특히 기업의 팽창식 발전이 가져오는 일련의 관리 문제와 질적 향상 문제, 브랜드 성장 문제가 발생하면서 친츠는 무너지기 시작했다. 중국의 '주류 대왕'을 꿈꾸었던 친츠의 무모한 자신감은 스스로 제 무덤을 파고 말았다.

타인의 성공을 뒤따라가며 실패를 거듭하는 사람들은 바로 이렇게 과 거의 경험에서 벗어나지 못하기 때문이다.

한 번 성공했다고 해서 다음에도 또 성공할 것이라는 생각은 버려라. 다른 사람의 성공을 본보기로 삼 을 때는 반드시 지금 시기와 나의 상황에도 부합하는지 정확히 분석해야 한다. 시대가 변하고 상황이 변하 면 우리의 생각과 태도도 변해야 한다. 물론 과거의 경험을 참고할 필요는 있겠지만 좀 더 넓은 시야로 지 금 상황을 정확히 판단해야 한다. 과거의 경험에만 사로잡혀 융통성을 발휘하지 못하면 일을 그르칠 수 있 다. 수시로 사고를 전환하고 새로운 시각으로 주변을 살피는 자세가 필요하다. 과거의 경험에 얽매이지 않 아야 실수를 줄이고 더 빨리 성공할 수 있다. 과거의 경험을 과신하지 말라. 경험이 곧 진리는 아니다. 지난 경험 때문에 사고에 제한을 받아서는 안 된다.

18
집착을 내려놓고 고집을 버려라

심리학자들은 고집이 사고를 편협하게 만든다고 말한다. 고집이란 새것 수용을 거부하고 아직 경험하지 못한 것에 대한 두려움이 만들어내는 일종의 성격장애이다.

옛날에 개구리 두 마리가 있었다. 한 마리는 시골 마을 저수지에, 다른 한 마리는 시내 도로변의 얕은 도랑에 살고 있었다. 두 개구리는 멀리 떨어져 있었지만 매우 절친한 친구 사이였다.

햇볕 좋은 날, 두 개구리가 만나 이야기를 나누었다. 시골 마을 저수지에 사는 개구리가 말했다.

"친구야, 빨리 이사 와서 나랑 함께 살자. 내가 사는 곳은 물도 깨끗하고 먹이도 아주 많아."

"미안하지만 나는 이사할 수 없어. 이곳은 우리 조상이 대대로 살아온 곳이거든. 나는 이곳을 떠날 수 없어."

"하지만 네가 사는 곳은 물도 별로 없고 매우 위험하잖아. 보라고. 저렇게 많은 마차가 네 집 앞을 지나다니는데, 시끄럽지도 않니?"

"하하하! 시끄럽다고?"

시내에 사는 개구리가 크게 웃으면서 말했다.

"이봐, 친구. 마차가 출발할 때 덜컹거리는 소리가 얼마나 아름다운지 모른다네. 나는 그 소리가 들리지 않으면 잠을 잘 수 없어. 나한테는 그 소리가 자장가라네."

"그래도 내 생각엔 네가 시내에서 빨리 빠져나오는 게 좋을 듯한데."

"아니, 난 절대 그곳을 떠나지 않을 거야."

어느 날 시내에 사는 개구리는 멀리서 들려오는 마차 바퀴 소리를 들으며 편안히 누워 있다가 뜻밖에 도랑으로 굴러들어온 마차 바퀴에 치여 죽고 말았다.

세상을 살면서 어느 정도 고집은 필요하지만 고집이 너무 지나쳐 집착이 되면 돌이킬 수 없는 화를 부른다.

옛날에 줴슈라는 사람이 있었다. 고집이 아주 센 그는 항상 자기 생각이 옳다고 굳게 믿으며 남들과 다르게 행동하는 것을 좋아했다.

줴슈는 구산 북쪽에서 농사를 지으면서 보통 사람들과 반대로 행동했다. 높고 평평한 땅에 벼를 심고, 낮고 습한 땅에 수수를 심은 것이다.

줴슈의 친구는 그의 행동을 보고 염려스러운 마음에 충고했다.

We all have big changes in our lives that are more or less a second chance.

우리 모두는 인생에서 만회할 기회라 할 수 있는 큰 변화를 경험한다.

"이봐, 친구! 수수는 높고 마른 밭에 심고, 벼는 낮고 습한 논에 심어야 하는데 자네는 지금 정반대로 하고 있네. 이렇게 하면 벼와 수수의 성장 조건이 맞지 않으니 어떻게 풍작을 기대하겠는가?"

그러나 줴슈는 친구의 충고를 전혀 귀담아듣지 않았고, 누가 뭐라 해도 여전히 자기 식대로 행동할 뿐이었다. 그 결과 줴슈는 10년 넘게 고생하며 농사를 지었지만 매년 흉작이어서 그의 곡식 창고는 늘 텅 비어 있었다.

줴슈는 굶어 죽을 지경에 이르자 친구를 찾아갔다. 친구는 자신이 말했던 방법으로 농사를 지어 해마다 풍작을 거두었기에 아주 여유 있게 살고 있었다. 줴슈는 그제야 땅을 치며 후회했다. 그는 친구에게 사과하며 말했다.

"자네 말이 맞았네. 나도 이제 잘못을 고치려 하네. 이제부터는 반드시 자네 충고를 귀담아듣겠네."

얼마 뒤 줴슈는 다른 동네로 이사를 하고 장사를 시작했다. 그러나 그는 장사를 시작하면서 아무 계획도 세워두지 않았다. 그리고 타인이 어떤 물건을 사들이기 시작하면 그 역시 뒤따라가 그 물건을 마구 사들였다. 그러다 보니 항상 다른 사람들과 똑같은 물건을 놓고 파느라 치열하게 경쟁해야 했다. 줴슈는 한 가지 물건만 사들여 창고에 가득 쌓아놓았는데 그 물건을 파는 사람이 너무 많다 보니 도통 장사는 신통치 않았고 물건값은 갈수록 떨어졌다.

줴슈의 친구는 그의 행동을 보고 분명히 손해를 입을 것이라 생각하여 또다시 충고했다.

"장사꾼으로 성공하려면 다른 상인들이 관심을 갖지 않은 물건을 사들인 후, 기회를 기다렸다 되팔아야 하네. 이렇게 하면 몇 배의 이익을 남길 수 있다네. 옛날 주나라의 대상인 백규도 바로 그렇게 해서 큰 부자가 되었지."

그러나 줴슈는 이번에도 친구의 말을 듣지 않았다.

10년 후, 줴슈는 매번 손해만 보다가 빚이 계속 쌓여 매우 곤란한 상황에 이르렀다. 줴슈는 이 지경에 이르러서야 다시 친구의 말을 떠올렸다. 친구의 말이 옳았음을 깨달은 줴슈는 다시 그 친구를 찾아갔다.

"이제야 내가 잘못했다는 걸 알았네. 오늘 이후로 다시는 후회할 일을 하지 않겠네."

어느 날, 줴슈는 바다로 나가 돈을 벌기로 결심하고 친구에게 배 타는 곳까지 함께 가달라고 부탁했다. 친구는 줴슈를 배웅하며 충고했다.

"바닷물이 모여드는 곳을 발견하면 곧장 뱃머리를 돌리게. 너무 늦으면 배를 되돌릴 수 없다네."

줴슈는 친구에게 절대 그 충고를 잊지 않겠다고 약속했고, 이번에는 반드시 친구의 말을 따르겠노라 굳게 다짐했다.

줴슈의 배는 파도를 따라 동쪽으로 나아갔다. 며칠간 순항하던 배는 드디어 물이 모여드는 깊은 바다 한가운데에 이르렀다. 그러나 바로 그때, 줴슈는 또다시 똑같은 실수를 반복하고 말았다. 그는 친구의 말을 무시하고 계속해서 앞으로 나아갔고, 결국 배는 높은 소용돌이에 휘말려 깊은 바다 계곡으로 떨어지고 말았다.

줴슈는 어두운 바다 계곡에서 9년 동안이나 불안과 고독을 견디며 지냈다. 그러던 어느 날 대곤(大鯤, 상상의 아주 큰 물고기)이 대붕(大鵬, 하루에

9만 리를 날아간다는 상상의 아주 큰 새)이 되기 위해 거대한 파도를 일으키는 순간 췌슈가 탄 배는 가까스로 바다 계곡을 빠져나올 수 있었다.

집으로 돌아온 췌슈는 이미 백발노인이 되었고, 몸은 꼬챙이처럼 삐쩍 말라버렸다. 고향으로 돌아온 그를 알아보는 사람은 아무도 없었다. 췌슈는 다시 그 친구를 찾아가 진심으로 절을 하고 일어나 하늘에 대고 맹세했다.

"내가 두 번 다시 이와 같은 잘못을 저질러 후회한다면 벼락을 맞을 걸세."

친구는 그저 웃으며 말했다.

"잘못을 고치고 후회하지 않는 것도 좋지만 그래봤자 이제 무슨 소용이 있겠나?"

췌슈는 세 번의 기회를 놓친 대가로 평생을 바친 것이다.

사람은 자신만의 확실한 주관이 있어야 하지만 다른 사람의 의견도 받아들일 줄 알아야 한다. 이 세상에 완벽한 사람은 없기 때문이다. 지혜와 고집을 모두 갖춘 사람만이 자신의 목표에 도달할 수 있다. 가능성을 충분히 고려하지 않고 자기 의견만 고집하거나 세상의 새로운 변화를 받아들이지 못하면 자기가 원하는 목표를 달성할 수 없다.

19
자신감으로 열등감을 극복하라

열등감이 심한 사람은 쉽게 자포자기한다. 실패에 대한 두려움 때문에 아무것도 시도하지 못한다. 열등감에 빠진 사람은 자신을 하찮은 인간이라 생각하고, 자신의 능력을 무시하고 의심한다.

물론 이 세상에 열등의식이 없는 사람은 없다. 성인군자, 왕후장상에서 가난한 농민, 선비, 상인, 군졸에 이르기까지 사람은 누구나 잠재의식 속에 열등감을 갖고 태어난다. 그렇기에 스스로 열등감을 이겨내는 일이 세상에 이름을 알리고 성공을 만들어내는 열쇠가 된다.

흑인 노예해방의 선구자인 미국 대통령 링컨은 가난한 집안의 사생아로 태어났다. 그는 외모도 볼품없었고 말이나 행동에서도 전혀 기품이 느껴지지 않았다. 그러나 링컨은 자신의 단점에 대해 누구보다 잘 알고 있었기 때문에 부족한 자신을 채우기 위해 부단히 노력했다. 그가 선택한 방법은 공부였다. 가난 때문에 배움의 기회가 부족했던 링컨은 지식에 대한 갈증을 해소하고 자신의 변화와 발전을 위해 최선을 다했다. 링컨은 밤낮없이 불을 밝히고 책을 읽느라 날이 갈수록 눈이 퀭해졌지만 지식을 쌓으며 부족한 자신을 채워가는 데 큰 기쁨을 느꼈다. 이렇게 해서 링컨은 열등감에서 벗어났고 역사에 길이 남을 위대한 대통령이 될 수 있었다.

베토벤은 심각한 청각장애를 겪다가 결국 청력을 완전히 잃었다. 그러나 어려서부터 온갖 신체적, 정신적 시련을 이겨낸 베토벤은 마침내 〈영웅교향곡〉 등 수많은 명작을 만들어냈다.

"어떤 일이 있어도 운명에 지지 않는다!"

그가 남긴 이 말은 오늘날 자신의 발전을 위해 끊임없이 노력하는 사람들의 좌우명이 되고 있다.

열등감에서 벗어나면 성공에 한 걸음 가까이 다가갈 수 있다.

인권운동가 월터는 "모든 사람의 마음속에는 깊은 영혼의 힘이 있다"고 말했다. 바로 이 영혼의 힘으로 수많은 인류의 위대한 업적이 탄생했다는 것이다.

이처럼 모든 사람이 지니고 있는 심오한 영혼의 힘은 대부분 자신만의 고유한 개성을 지키기 위해 외부 공격에 대항하는 저력을 발휘한다. 이것이 바로 인간의 존엄성 혹은 인격이다.

자신의 존엄성과 인격을 지키기 위해 가장 중요한 것이 바로 열등감을 극복하고 자신과의 싸움에서 이기는 것이다. 그러므로 고난과 시련을 우리 자신이 더욱 발전하는 발판으로 삼아야 한다. 자기모순 속에서 스스로 벗어날 수 있는 사람만이 자신의 진정한 가치를 찾을 수 있다. 나를 구제할 사람은 나 자신뿐이다. '하늘은 스스로 돕는 자를 돕는다'라는 말도 있지 않은가!

등에 난 커다란 흉터 때문에 심한 열등감에 빠진 소년이 있었다. 소년의 적갈색 흉터는 뒷목에서부터 등 한복판을 지나 허리까지 이어져 있었다. 비틀린 근육이 튀어나와 오싹한 기분이 들 정도였다. 소년은 스스로 부끄러워했고, 다른 사람 앞에서 옷 갈아입기를 매우 꺼렸다.

그래서 체육 수업은 소년에게 큰 고민거리였다. 다른 친구들이 모두 답답한 교복을 벗어던지고 편안한 체육복으로 갈아입느라 신나 있는 동안 소년은 구석에 숨어 등을 벽에 붙인 채 다른 친구들이 자신의 흉터를 보지 못하도록 최대한 빨리 옷을 갈아입어야 했다.

'다른 아이들이 내 흉터를 보면 어떻게 생각할까?'

정말 상상만 해도 끔찍한 일이었다. 모두 그를 아주 불쌍하게 여기고 별종 취급하며 절대 가까이 오지 않으려 할 것이다.

그러던 어느 날 소년의 비밀은 만천하에 공개되고 말았다.

"정말 징그러워!"

"괴물이다!"

"너하고 안 놀아."

"넌 이상해!"

"네 등은 정말 혐오스러워!"

아이들이 별 생각 없이 내뱉은 말은 소년에게 큰 상처가 되었고, 소년은 울면서 교실을 뛰쳐나갔다. 이후로 소년은 두 번 다시 교실에서 옷을 갈아입지 않았고, 체육 수업에도 참가하지 않았다.

The secret of a good life is to have the right loyalties and hold them
in the right scale of values.

행복한 삶의 비밀은 올바른 관계를 형성하고
그것에 올바른 가치를 매기는 것이다.

이 일이 있은 후, 소년의 어머니는 아들을 데리고 담임선생님을 찾아갔다. 소년의 어머니는 선생님에게 아들의 등에 흉터가 생긴 경위를 상세히 설명했다.

"우리 아이는 태어나자마자 큰 병을 앓았습니다. 잠시 잠깐 우리는 이 아이를 포기하려고도 생각했었지만, 차마 그럴 수가 없었습니다. 얼마나 어렵게 얻은 소중한 생명인데 포기하겠습니까?"

이야기를 하는 동안 소년의 어머니는 점점 눈시울이 붉어졌다.

"아이 아버지와 저는 어떤 어려움이 있더라도 아이를 살려내야겠다고 다짐했습니다. 마침 그때 유명한 의사가 수술로 아이를 살려보자고 제안했습니다. 몇 차례 대수술을 받고 나서 아이는 겨우 생명을 건졌지만, 이렇게 흉터가 남고 말았어요."

소년의 어머니는 아들에게 말했다.

"선생님께 등을 보여드리렴."

소년은 잠시 주저하더니 웃옷을 올려 선생님에게 등의 흉터를 보여주었다. 그 흉터는 소년이 병마와 싸워 이겼다는 훈장이었다. 흉터를 본 선생님은 무척 놀라면서도 안타까운 마음이 샘솟았다.

"지금은 아프지 않니?"

"전혀 아프지 않아요."

소년은 힘차게 고개를 저으며 대답했다. 소년의 어머니는 눈시울을 적시며 말했다.

"이 아이는 정말 착하답니다. 그런데 하늘은 제 아들에게 너무 잔혹했습니다. 그렇게 힘든 병마와 싸웠는데 또 이런 끔찍한 흉터를 남겼으니 말입니다. 선생님, 힘드시겠지만 제 아들을 잘 좀 보살펴주세요. 부탁드립니다."

선생님은 진심으로 고개를 끄덕이며 소년의 머리를 쓰다듬었다.

"안심하세요. 제가 책임지고 보살피겠습니다."

이 순간 선생님은 '내가 어떻게 해야 이 아이가 열등감에서 벗어나 새로운 세상을 느낄 수 있을까?'라는 생각으로 가슴이 뜨거워졌다. 이것은 교사로서의 책임이자 세상의 모든 부모가 선생님에게 거는 기대이기도 했다.

'하느님은 왜 이 가련한 소년에게 이토록 끔찍한 흉터를 주었을까?'

그때 갑자기 그녀의 뇌리를 스치는 무언가가 있었다.

'아니다! 이 아이는 불쌍한 아이가 아니다. 오히려 하느님의 총애를 받은 것이다.'

선생님은 다시 한 번 소년의 머리를 쓰다듬으며 말했다.

"내일 체육 시간에는 모두가 볼 수 있는 곳에서 당당하게 친구들과 함께 옷을 갈아입도록 해라."

하지만 소년은 매우 두려운 듯 말했다.

"하지만 아이들이 저를 놀릴 거예요. 애들은 나를 괴물이라고…… 하지만 나는 괴물이 아니에요!"

소년의 눈에서 끊임없이 눈물이 흘러내렸다. 그러자 선생님은 따뜻한 미소와 함께 말했다.

"걱정 말아라. 앞으로 그 누구도 너를 놀리지 않게 할 방법이 있단다."

"정말이에요?"

"물론이지. 선생님 믿을 수 있지?"

"그럼요. 믿어요."

"그럼, 우리 약속하는 거다."

선생님이 새끼손가락을 내밀자, 소년은 주저 없이 새끼손가락을 걸었다. 소년과 소년의 어머니, 그리고 선생님은 모두 밝게 웃었다.

다음 날 체육 시간, 소년은 두려운 듯 구석에 숨어 옷을 벗었다. 과연 소년의 예상대로 친구들은 또다시 그를 놀려댔다.

"정말 구역질난다!"

"너무 징그러워. 꿈에 나올까 무서워."

소년의 눈에는 어느새 눈물이 가득 고여 흘러내렸다.

"나는…… 나는…… 아니야…… 혐오스럽지 않아!"

이때 갑자기 교실 문이 열리고, 담임선생님이 들어왔다. 몇몇 아이들이 얼른 선생님 옆으로 뛰어가 소년의 등을 가리키며 말했다.

"선생님, 저것 좀 보세요. 쟤 등에 커다란 지네 두 마리가 기어가는 것 같아요."

선생님은 말없이 천천히 소년에게 다가가 아주 신기하다는 듯 소년의 등을 자세히 들여다보고는 말했다.

"이게 어떻게 지네니? 이건 천사의 날개야! 선생님이 옛날 이야기를 하나 해줄게. 이건 아주 아름다운 전설이란다. 세상의 모든 어린이는 하늘나라에 사는 천사였단다. 어떤 천사들은 어린아이로 변할 때 그 아름다운 날개를 재빨리 떼어버리지만 어떤 천사들은 아주 천천히 떼어버리기 때문에 사람이 된 후에도 흔적이 남아 있단다."

아이들은 탄성을 자아내며 물었다.

"와! 그러면 이게 바로 천사의 날개인가요?"

"그렇지. 자, 우리 모두 자세히 살펴볼까? 얘처럼 아직까지 날개를 완전히 떼어버리지 못한 사람이 있는지 서로서로 등을 잘 살펴보렴."

아이들이 서로 등을 살피며 제2의 천사를 찾아내느라 교실 안은 왁자지껄해졌다.

"선생님, 제 등에 무슨 흔적이 있는데, 이것도 천사의 날개인가요?"

안경을 낀 여자아이가 손을 번쩍 들고 흥분한 목소리로 물었다.

"선생님, 제 등에도 불긋한 것이 있어요. 저도 천사였나 봐요."

한 남자아이는 일부러 등을 꼬집어 빨갛게 만들기도 했다. 아이들은 서로 자기 등에도 흉터가 있다고 자랑하는 동안 소년을 놀려댔던 일을 까맣게 잊어버렸다. 소년도 어느새 울음을 그치고 환하게 웃고 있었다.

그때 한 아이가 소년에게 물었다.

"저기…… 천사의 날개를 만져봐도 될까?"

소년은 부끄러웠지만 간신히 용기를 내어 대답했다.

"좋아!"

아이는 천천히 소년의 등에 있는 흉터를 만지더니 큰 소리로 외쳤다.

"와! 정말 부드러워. 와우! 내가 천사의 날개를 만지다니!"

그러자 반 아이들 모두가 앞다퉈 천사의 날개를 만지고 싶다며 길게 줄을 섰다. 체육 시간 내내 아이들은 소년의 등을 만져보았고 소년은 더 이상 흉터 때문에 괴롭지 않았다. 선생님은 아이들 몰래 소년에게 눈을 찡긋해 보였다.

어른이 된 소년은 당시 선생님이 "이건 천사의 날개야!"라고 말해준 것이 자신의 인생에 얼마나 큰 은혜인지 새삼 깨닫게 되었다. 선생님의 말씀 한마디로 그는 자신감을 가지고 새롭게 태어났다. 고등학교에 입학한 그는 당당히 수영을 배웠고 대회에 나가 2위 기록을 세우기도 했다. 그는 자기 등의 흉터가 선생님의 사랑을 통해 축복받는 '천사의 날개'가 되었다고 굳게 믿었다.

누구나 열등감을 느끼고 방황한 적이 있을 것이다. 그러나 중요한 것은 열등감 그 자체가 아니라 그것을 어떻게 극복하느냐이다.

열등감에서 벗어나 자신감을 회복하는 순간 당신의 인생은 성공에 한 걸음 가까워진다. 세상에 완벽한 사람은 없다. 누구나 단점이 있다. 어떤 단점은 고칠 수 있지만, 영원히 고칠 수 없는 것도 있다. 왜 자신의 장점은 생각하지 않고 단점만 가지고 다른 사람과 비교하는가? 성공을 원한다면 먼저 열등감을 이겨내고 자신감을 가져라. 그리고 성실하고 진실하게 자신의 미래를 개척하라.

20
자신의 능력을 의심하지 말라

올해 마흔 살이 된 월슨은 어느 날 자신을 주변 사람들과 비교해보았다. 그리고 자신이 모든 면에서 다른 사람만 못하다고 결론을 내렸다.

월슨은 자신이 옆집에 사는 교수만큼 똑똑하지 못하고, 골목 끝집에 사는 사업가만큼 돈이 많지도 않고, 훌륭한 운동선수처럼 천부적인 재능을 타고나지도 못했다고 생각했다. 또한 그는 자신이 절대로 다윈이나 다빈치나 갈릴레이처럼 될 수도 없다고 생각했다.

"나는 너무나 평범한 인간이야. 잘난 게 하나도 없어."

월슨은 너무 비참했다.

그날 밤, 비통함과 실망감을 느끼며 잠자리에 든 월슨은 이상한 꿈을 꾸었다. 그의 꿈속에 하느님이 나타나 그에게 말했다.

"월슨, 너는 늘 네가 다른 사람보다 못났다고 생각하고 있다. 다윈만큼 똑똑하지 못하고, 다빈치처럼 창조적이지 못하고, 갈릴레이처럼 세상을 놀라게 만들 위대한 발견을 하지도 못했다고 생각하고 있어. 그러니 우울할 수밖에 없지 않겠느냐? 윌슨, 왜 네 인생에 너는 없는 것이냐?"

꿈에서 깬 윌슨은 순간 자신의 문제를 깨달았고 몸과 마음이 홀가분해지는 것을 느꼈다.

그는 인생에서 가장 중요한 것을 깨달았다. 인생이란 다른 사람의 성공을 모방하는 것이 아니라 자신만의 인생을 만들어가는 것이라는 것과, 이 세상에 윌슨은 단 한 명뿐이라는 사실이었다. 다윈, 다빈치, 갈릴레이가 한 명밖에 없듯 윌슨도 한 명뿐이다. 아무리 위대한 인물을 모은다 해도 절대 윌슨 자신을 대신할 수는 없음을 깨달은 것이다.

자신을 믿는 사람은 자신의 생각, 느낌, 행동을 원칙으로 삼는다. 자신을 믿는 사람은 포부와 도량을 크게 키우고 타인이 '안 된다'라고 하는 말을 귀담아듣지만, 결코 그것 때문에 포기하지 않으며, 불가능을 충분히 도전할 만한 가치가 있는 문제라고 생각한다.

자신을 믿는 사람은 정확한 안목으로 자신의 미래를 파악하고 설계할 수 있다. 그렇게 때문에 우리는 자신을 키워야 한다. 또한 자신감은 우리가 어떤 일을 성취함으로써 기쁨을 얻게 해주고 우리가 더 큰 용기를 가지고 인생에 도전할 수 있게 해준다. 사랑을 통해 우리의 사고는 자신의 한계를 뛰어넘어 더 크게 성장할 수도 있다. 우리의 삶은 끊임없이 발전하고 변화하는 사회 속에서 서로 다르지만 일련의 연관성을 가진 수많은 일이 모여 좀 더 완벽해진다.

스스로 자신을 믿지 못한다면 어느 누가 당신을 믿을 수 있겠는가? 스스로 자신을 존중하지 않으면서 어떻게 다른 사람이 당신을 특별하게 생각하기를 바라겠는가? 만약 당신이 최대한의 가능성으로 자신을 평가하지 않는다면 자신의 목표를 달성할 수 없다.

유럽의 한 기업가가 오랫동안 모은 전 재산을 투자하여 제조 회사를 차렸다. 그러나 불행히도 세계대전이 일어나면서 원자재를 구하지 못해 회사는 파산하고 말았다. 그는 금전적인 손실뿐만 아니라 도산으로 인해 정신적으로도 큰 충격을 받았다. 게다가 자신이 가족들에게 아무것도 해줄 수 없다는 생각이 들자 그는 가족 곁을 떠나 부랑자가 되었다.

세상을 떠도는 동안에도 그의 머릿속에 늘 지난날의 부귀영화가 떠올라 너무 괴로웠다. 잃어버린 재산에 대한 미련을 지우지 못해 그는 늘 과거에서 벗어나지 못했다. 당연히 미래에 대한 계획 같은 건 꿈도 꿀 수 없었고 날이 갈수록 고통은 더욱 심해져 나중에는 강물에 뛰어들어 죽고 싶은 생각뿐이었다.

그러던 어느 날, 그는 우연히 『자신감』이라는 책을 읽게 되었다. 이 책에는 어떻게 해야 자신감을 키울 수 있는지, 일상생활 혹은 사회생활 중 큰 실패를 겪은 후 어떻게 다시 자신감을 회복할 수 있는지에 대한 이야기가 담겨 있었다. 책을 읽고 난 그는 새로운 용기와 희망이 솟는 것을 느꼈다. 그래서 그는 이 책의 작가를 찾아가 자기가 다시 일어설 수 있도록 도와달라고 부탁해보기로 했다. 그는 백방으로 수소문한 끝에 작가를 찾아가 자신의 사정을 이야기했다. 작가가 말했다.

"당신의 이야기는 정말 한 편의 소설 같군요. 나도 당신을 돕고 싶지만 현실적으로 내가 당신을 도울 방법이 없습니다."

작가의 말에 그는 얼굴이 창백해졌다. 그는 그 자리에 멍하니 서 있다가 고개를 떨구며 "이젠 정말 끝이야"라고 중얼거렸다.

잠시 후, 작가가 그에게 말했다.

"나는 당신을 도울 수 없지만 당신이 재기하도록 도와줄 만한 사람을 소개시켜줄 수는 있습니다."

작가의 말에 그는 뛸 듯이 기뻐하며 작가의 손을 잡았다.

"이건 분명히 하늘이 주신 마지막 기회입니다. 어서 그 사람을 만나게 해주세요."

작가는 그를 데리고 침실로 들어가 커다란 거울 앞에 걸음을 멈추었다. 그러고는 거울을 가리키며 말했다.

"제가 소개시켜줄 사람은 바로 이분입니다. 이 세상에서 오직 이분만이 당신을 다시 일어서게 할 수 있습니다. 지금부터 조용히 앉아 이분을 이해하려 노력해보십시오. 이분을 이해하지 못한다면 당신은 정말 미시건 호수에 빠져야 할지도 모릅니다. 이 분을 이해하지 못한다면 당신은 자신의 인생에서나 이 세상에 있어서나 아무 가치 없고 절대 쓸모없는 사람이 될 것입니다."

그는 거울 앞으로 몇 걸음 다가가 거울 속에 비친 긴 수염이 뒤덮인 얼굴을 만져보았다. 그는 몇 분 동안 거울 속에 비친 사람을 머리끝부터 발

끝까지 훑어보고는 다시 뒤로 물러나 고개를 떨구고 눈물을 흘리기 시작했다. 잠시 후, 그는 아무 말 없이 작가의 작업실을 나섰다.

며칠 후 그는 다시 거리에 나타났다. 길에서 그와 마주친 작가는 하마터면 그를 못 알아볼 뻔했다. 그의 발걸음은 경쾌하면서도 힘이 있었고 자신 있고 당당하게 고개를 쳐들고 있었다. 그는 완전히 새로운 사람이 되어 있었다. 아니, 이미 성공한 사람처럼 보였다.

작가는 잠시 자신의 눈을 의심하며 그에게 다가가 인사를 했다. 불과 며칠 전까지만 해도 불쌍한 부랑자 신세였던 그는 작가를 보고 매우 반가워했다.

"그날 제가 당신의 작업실에서 나올 때는 그저 한낱 떠돌이였지요. 하지만 저는 그때 거울 앞에서 자신감을 되찾았습니다. 지금 저는 연봉 삼천 달러를 받는 새 일자리를 구했어요. 그리고 사장님이 제 형편을 고려해서 연봉 일부를 미리 지급해주셨어요. 지금 저는 다시 성공을 향해 달려가고 있습니다."

그는 매우 호탕하게 웃으며 말을 계속했다.

"저는 지금 당신에게 한 가지 약속을 하겠습니다. 언젠가 저는 반드시 다시 한 번 당신을 찾아갈 것입니다. 그리고 그날 제 사인이 들어간 백지수표를 선물로 드리겠습니다. 물론 수취인은 당신이고 액수도 마음대로 써넣으면 됩니다. 그것은 당신이 나 자신을 정확히 파악할 수 있게 도와준 데 대한 감사의 표시입니다. 그때 당신이 저를 커다란 거울 앞에 세웠기 때문에 저는 진정한 자아를 발견할 수 있었습니다."

자신을 사랑할 줄 아는 사람은 마음을 열고 새로운 것을 받아들일 수 있다. 그래서 이들은 자신이 세상을 놀라게 할 위대한 발명이나 발견을 하지 못했다고 해서 자신을 하찮게 여기거나 자학하지 않는다. 이들은 잘못을 지적받으면 어설프게 자기 생각을 고집하여 잘못을 더 크게 키우지 않는다. 자신의 잘못을 인정하고 다시 처음으로 되돌아간다. 이들은 타인의 의견을 잘 받아들일 줄 알고 자신의 잘못된 방법을 고집하지 않지만 또 한편으로는 다른 사람이 자신을 모욕하는 것을 용납하지 않는다. 이들은 스스로 존엄성을 지키고 당당하게 자신의 입지를 굳히면서 도전을 두려워하지 않는다.

만약 당신이 자신을 믿지 않는다면, 어느 누가 당신을 믿을 수 있겠는가? 만약 당신이 항상 자신의 능력을 의심한다면 어떻게 성공할 수 있겠는가? 자신의 능력을 의심하지 말라. 자신을 믿어라!

Self-respect is the cornerstone of all virtue.

자존이야말로 모든 미덕의 초석이다.

21
불가능할지라도 포기하지 말라

　모든 사람은 이 세상 어딘가에 반드시 필요한 존재이다. 그러므로 누구나 자신 있게 성공을 꿈꿀 자격이 있다. 아무런 꿈도 희망도 없이 항상 자신을 부정하고 의심하고 자포자기하는 사람은 늘 다른 사람에게 뒤처질 수밖에 없다. 항상 당당하게 자신을 표현하고 자기만의 색깔을 가진 사람만이 인생이라는 연극의 주인공이 될 수 있다. 자신감 없이 자신의 능력을 의심하는 사람은 절대 큰일을 할 수 없다. 물론 작은 성공조차 거둘 수 없다.

　2001년 5월 20일 미국에서 조지 허버트라는 영업 사원이 부시 대통령에게 도끼를 팔았다. 브루킹스연구소에서는 그에게 '가장 위대한 영업 컨설턴트'라고 새겨진 황금부츠를 수여했다. 이것은 1975년 이 학회의 한 회원이 닉슨 대통령에게 미니 카세트를 판매한 이후 26년만의 쾌거였다.

　브루킹스연구소는 뛰어난 영업 사원을 양성하는 곳으로 유명하다. 이곳에는 특별한 전통이 있다. 매 학기 수료식 때마다 각 회원이 영업 능력을 발휘하도록 실전 테스트를 거치는 것이다. 클린턴 대통령 재임 기간 중 이 연구소의 수료식 실전 테스트에 '현직 대통령에게 삼각팬티를 파십시오'라는 문제가 출제되었다. 클린턴 대통령 재임 8년 동안 수많은 회원이 임무 완수를 위해 머리를 쥐어짰으나 모두 허사였다.

클린턴이 임기를 마치자 연구소의 수료식 문제가 바뀌었다.

'부시 대통령에게 작은 손도끼를 파십시오.'

현임 대통령에게 물건을 판다는 것은 지난 8년간의 실패가 아니더라도 거의 불가능한 일이었다. 대부분의 회원은 처음부터 아예 포기하고 문제에 손도 대지 않았다. 모두가 이번 수료식 문제도 절대로 풀리지 않을 것이라고 생각했다. 현직 대통령은 부족한 것도 없거니와 설사 부족한 것이 있더라도 본인이 직접 물건을 구입하지는 않을 것이기 때문이다.

그러나 조지 허버트가 해냈다. 그는 처음부터 부시 대통령에게 도끼를 파는 일이 충분히 가능하다고 생각했다. 부시 대통령은 텍사스에 넓은 농장을 소유하고 있었고, 그곳에는 수천 그루의 나무가 자라고 있었다. 그래서 조지는 부시 대통령에게 한 통의 편지를 보냈다.

저는 언젠가 우연히 당신의 농장에 가본 적이 있습니다. 수레국화 나무가 많이 자라 있더군요. 그중에는 이미 죽은 것도 많았고 줄기 색이 변하기 시작한 것도 많았습니다. 제 생각에 하루 빨리 이 나무들을 정리해주어야 할 것 같습니다. 그런데 나무들의 상태로 보아 일반 도끼는 너무 약해 금방 망가질 것입니다. 지금 당신에게는 너무 날카롭지 않으면서 튼튼한 도끼가 필요합니다. 마침 제가 이런 도끼를 가지고 있습니다. 고사한 나무를 베어내는 데 아주 적합한 도끼이지요. 관심이 있으시면 이 편지 겉봉투에 적힌 주소로 연락을 주십시오.

이 편지를 받은 부시는 조지에게 도끼의 가격 15달러를 송금했다.

브루킹스연구소는 조지 허버터의 성공을 표창하면서 이렇게 말했다.

"황금부츠는 이십육 년 동안 주인을 찾지 못했습니다. 지난 이십육 년간 브루킹스연구소는 수만 명의 영업 사원을 배출했고 수백 명의 백만장자를 만들어냈습니다. 그러나 안타깝게도 이 황금부츠의 주인공은 나타나지 않았고 우리는 항상 황금부츠의 주인을 찾고 있었습니다. 바로 이상의 주인공 조지 허버트는 모두가 불가능하다고 말할 때 포기하지 않고 도전했습니다. 모두가 어렵다고 고개를 저을 때 그는 자신감을 잃지 않았습니다."

자신을 믿으면 어떤 일이든 성공할 수 있다. 당신은 반드시 성공할 수 있다. 만약 당신이 자신을 믿지 않는다면 어느 누가 당신이 성공하리라고 생각하겠는가? 강한 자신감을 가진 사람은 보통 사람들이 한 발짝 물러서서 꿈만 꿀 때 과감히 도전하여 성공을 쟁취한다.

22
탐욕을 버리고 자유를 얻어라

탐욕은 매우 특이한 심리 중 하나이다. 탐욕은 끝이 없기 때문에 여기에 한번 빠지면 이 끝없는 탐욕을 채우기 위해 비도덕적인 행동과 불법적인 행위를 서슴지 않으며 최후에는 자신의 목숨까지 내던진다.

현대사회에서 가장 중요한 것은 돈이다. 거의 모든 사람이 이렇게 생각하고 있을 것이다. 돈을 얻고 잃는 것에 따라 희비가 교차하고, 돈을 위해서라면 목숨도 아까워하지 않으며 세상 어디까지라도 달려갈 준비가 되어 있다. 돈과 물질은 현대 경제사회에서 삶을 구성하는 기본 요소 중 하나이다. 돈은 삶의 방식을 바꾸고 한 사람을 완전히 새롭게 태어나게 할 수도 있다.

반면 우리 주변에는 갑자기 큰 부자가 된 후 인간성을 상실하고 돈보다 더 소중한 친구와 가족을 잃는 사람들도 많이 있다.

사람이 사람답게 살기 위해서는 탐욕을 버려야 한다.

아랍 속담에 '탐욕을 버리면 자유를 얻을 수 있다'라는 말이 있다. 탐욕이 커지면 눈에 보이지 않는 족쇄가 온몸을 옥죄어온다. 문제의 심각성을 빨리 깨닫지 못하면 평생 족쇄에서 풀려날 수 없다.

중국 시인 위리즈는 산속에서 닭 몇 마리를 키우며 살았다.

어느 날 밤 위리즈는 시끄러운 닭 울음소리에 잠이 깼다. 여우가 닭장에 침입하여 닭 한 마리를 물어 간 것이었다. 위리즈는 황급히 여우를 뒤쫓았지만 붙잡지는 못했다. 위리즈는 여우가 이번에 쉽게 닭을 물어 갔으니 절대 이번 한 번으로 끝나지 않을 것이라고 생각했다. 그래서 위리즈는 닭장 옆에서 보초를 섰고 과연 다음 날 밤 여우가 다시 나타났다. 여우가 눈치채고 도망가지 못하도록 위리즈는 여우가 닭장 안에 들어갈 때까지 기다렸다. 여우가 닭 한 마리를 입에 물자 위리즈는 뒤에서 여우를 사로잡았다.

그런데 이 여우는 위리즈에게 사로잡힌 후에도 입에 물고 있던 닭을 절대 놓지 않았다. 위리즈는 여우를 보며 탄식했다.

"욕심 많은 여우야, 죽음이 눈앞에 있는데 도대체 뭐가 중요한지 아직도 모르는구나. 하긴 이 세상에 이런 일이 어디 너뿐이겠느냐. 끝없는 돈 욕심에 빠진 사람들은 바로 이 여우와 다를 게 없지 않은가! 정말 어리석기 짝이 없구나."

인간은 이성적으로 생각할 수 있기 때문에 만물의 영장이라 칭해지며 자신의 생각과 행동을 조절할 수 있다. 인간이 이성을 잃고 스스로 감정과 행동을 억제하지 못하면 동물보다 더 어리석은 행동도 서슴지 않는다. 사람은 욕심이 커지기 시작해서 더 이상 스스로 조절이 불가능해지면 이성뿐만 아니라 인성도 잃고 만다.

물론 욕심을 적당히 조절하는 것은 쉬운 일이 아니다. 그러나 돈밖에 보지 못하는 사람은 나뭇잎 하나에 눈이 가려 거대한 태산을 보지 못하는 것처럼 돈 외에 다른 중요한 것들이 있음을 잊고 산다. 우정, 사랑, 가족 간의 정은 물론이고 심지어 돈을 위해서라면 자신의 인생이나 생명도 포기한다.

현실에서는 생계를 위해 돈은 반드시 필요하다. 그러나 절대 돈의 노예가 되어 자유를 포기해서는 안 된다. 더욱이 돈 때문에 목숨을 버린다는 것은 절대 있어서는 안 된다. 많은 재물을 갖는 것은 모든 사람의 꿈이요, 이상이다. 하지만 그 많은 재물을 어떻게 쓸 것인지가 더 중요하다.

칼라일은 말했다.

"돈은 훌륭한 하인이면서 무서운 주인이다. 돈을 제대로 이용하면 개인과 사회에 모두 이익이 되지만 제대로 사용하지 않으면 돈의 노예로 전락하고 만다. 그 결과는 우리가 상상하는 것 이상으로 비참하다."

가난한 농부가 밭에서 호미질을 하고 있는데 갑자기 도마뱀 한 마리가 튀어나왔다. 농부는 도마뱀을 죽이지 않고 "어서 도망가거라. 사람들이 보면 당장에 때려죽이려 할 테니" 하고 말했다.

He who desires is always poor.

욕망하는 자는 늘 가난하다.

도마뱀은 황급히 도망쳤다.

그날 밤 농부는 신기한 꿈을 꾸었다. 꿈속에 하얀 옷을 입은 소년이 나타나 농부에게 말했다.

"나는 낮에 당신이 살려준 도마뱀입니다. 은혜를 갚기 위해 당신의 소원을 한 가지 들어드리겠습니다."

농부가 대답했다.

"소원이랄 게 뭐 있겠소! 그저 입을 옷이 있고, 먹을 음식이 있고, 비바람을 막아줄 집만 있으면 그만이지요."

그러자 소년이 말했다.

"당신에게 이 항아리를 드리겠습니다. 항아리 안에는 금화가 한 개 들어 있습니다. 언제든 꺼내어 쓰고 나면 다시 하나가 생깁니다. 매번 하나씩밖에 꺼낼 수 없지만 영원히 금화가 떨어지지는 않을 것입니다. 그러나 너무 큰 욕심을 부리면 안 됩니다."

농부가 잠에서 깨어 보니 침대 옆에 정말 작은 항아리가 놓여 있었다. 농부는 항아리 안에 손을 넣어 금화 한 개를 꺼냈다. 금화는 한 개를 꺼낼 때마다 계속해서 또 한 개씩 생겨났다.

농부는 정말 기뻤다. 그는 금화를 꺼내고 또 꺼냈다. 금화가 나날이 늘어났고 농부의 삶은 충분히 여유로워졌지만 농부는 금화 꺼내기를 멈추지 않았다. 금화가 많아지면서 매일매일 산해진미를 먹을 수 있었다. 더 이상 피곤하게 일하지 않아도 되었고 금화가 더 많아지면서 더 편안하게 살 수 있었다. 어느새 금화가 산더미처럼 쌓였지만 농부는 그럼에도 항아리에서 손을 뗄 수 없었다.

"나는 절대 멈출 수 없어. 이렇게 금화가 계속해서 나오고 있잖아!"

그러던 어느 날, 나이가 들어 노쇠한 농부는 자기 키보다 훨씬 높이 쌓인 금화더미를 짚고 일어서다가 균형을 잡지 못해 비틀거리며 쓰러졌고 엄청난 금화더미에 깔려 죽고 말았다. 농부의 탐욕이 결국 스스로의 무덤을 파고 만 것이었다.

우리는 자신이 노력해서 생긴 돈이 아니라면 함부로 취해서는 안 된다는 것을 잘 알고 있다. 그러나 우연히 길을 걷다 길거리에 떨어진 돈뭉치를 발견했을 때 대부분의 사람이 아무렇지도 않게 돈을 주워간다. 한 번 돈을 주워본 사람은 다시 불로소득을 꿈꾸게 되고 그 와중에 조금씩 탐욕이 싹튼다. 탐욕과 게으름은 마치 그림자처럼 붙어다닌다. 탐욕과 게으름에 빠진 사람은 욕심으로 인해 탐욕에 목말라 죽거나 일을 멈춰버려 손재주가 무뎌져 굶어 죽거나 둘 중 하나이다.

솔로몬의 『지혜서』에 이런 구절이 있다.

'자신을 지는 해가 되도록 내버려두지 말라. 언제 끝을 맺어야 하는가는 인생에서 가장 중요한 지혜 중 하나이다. 적당한 시기에 끝을 맺으면 비교적 쉽게, 모두가 만족스럽게 마무리할 수 있다. 그러나 타이밍을 놓치면 마무리가 어려워질 뿐만 아니라 모두가 불쾌해진다.'

하느님이 지네를 만들 때 깜박 잊고 다리를 만들지 않았다. 대신 지네는 뱀처럼 빠르게 어디든 기어오를 수 있었다.

그러던 어느 날, 지네는 산양이나 사슴 등 네 발 달린 동물들이 자기보다 훨씬 빠른 속도로 뛰어가는 것을 보고 몹시 기분이 상했다. 질투심 강한 지네는 "흥! 다리가 많으니까 당연히 더 빠르지, 뭐!"라고 중얼거렸다.

지네는 하느님에게 기도했다.

"하느님, 저는 다른 동물보다 다리를 더 많이 갖고 싶습니다!"

하느님은 여러 종류의 다리를 늘어놓으며 지네에게 원하는 것을 고르라고 말했다. 지네는 잡히는 대로 다리를 집어 자기 몸에 붙이기 시작했다. 머리에서 꼬리까지 다리를 붙이고 더 이상 붙일 곳이 없자 지네는 그제야 아쉬운 듯 손을 멈추었다. 지네는 온통 다리로 뒤덮인 자신의 몸이 매우 만족스러웠다.

"이제 나는 화살처럼 빠르게 날아갈 수 있을 거야."

그러나 지네가 막 뛰어가려는 순간 수많은 발들이 서로 부딪치며 저마다 따로 움직이기 시작했다. 온 정신을 집중해야만 비로소 수많은 다리가 서로 뒤엉키지 않고 똑바로 걸을 수 있었다. 이렇게 하다 보니 지네는 예전보다 더 느리게 걸을 수밖에 없었다.

무엇이든 꼭 많다고 해서 좋은 것은 아니다. 모든 일에는 적당한 정도가 있다. 만약 이 범위를 넘어서면 좋은 일도 나쁜 일이 되어버린다.

지나친 욕심은 절대 금물이다. 탐욕은 밑 빠진 독처럼 영원히 채울 수 없기에 탐욕에 빠진 사람들은 결국 온갖 수단과 방법을 동원하여 무력으로 남의 것을 빼앗는다. 그러나 아무리 많은 재물로도 탐욕의 끝없는 수렁을 메우지 못한다. 탐욕스러운 사람은 아무리 많이 가지고 있어도 자신이 빈손이라고 느낀다. 그래서 끊임없이 다른 사람의 것을 빼앗기 위해 수단과 방법을 가리지 않고 악행을 저지른다. 그리고 자신의 악행이 드러날까 불안하고 초조해서 한순간도 즐거울 수 없다.

Chapter 3

마음을
다스리는
삶

우리는 일상 속에서 늘 크고 작은 일에 부딪힌다.
어쩌면 당신은 이런 일들 때문에 걱정하고 화를 낼지 모른다.
기분 나쁜 일이 있을 때는 잠시 뒤로 물러나 천천히 마음을 가라앉혀라. 절대 곧바로 화를 내면 안 된다.
그렇지 않으면 더 크게 화낼 일이 생기고, 당신은 엄청난 대가를 치러야 할 수도 있다.

23
확실한 태도로 꿈을 취하라

모호한 태도가 습관이 되어버린 사람들은 자신이 왜 사는지 알지 못한다. 그래서 하루 종일 자극적인 재미만 찾고 건설적인 일은 전혀 하지 않는다. 특별히 하고 싶은 것도 없으니 꿈이나 이상이 있을 리 없다. 이런 사람들은 나이가 들어 자신의 일생을 되돌아보며 마치 쓰레기더미 속에 앉아 있는 기분을 느낄지도 모른다. 그렇게 후회와 아쉬움을 가진 채로 세상을 떠날 것이다.

이상은 매우 신비로운 힘을 발휘한다. 누구든 이상을 꿈꾸기 시작하면 마치 마법에 걸린 것처럼 완전히 새로운 사람으로 변하고 삶은 희망으로 가득 차게 된다.

나폴레옹은 학교에 다니던 어린 시절 아주 멍청한 아이였다. 그는 외국어는 물론이고 모국어인 프랑스어조차 제대로 읽지 못했다. 당연히 성적은 바닥이었다. 행동은 제멋대로였고 성격 또한 난폭하기 짝이 없었다. 나폴레옹은 자서전에서 이렇게 말했다.

'나는 고집 세고 무모하고 패배를 인정할 줄 모르는 아이였다. 어느 누구도 감히 나에게 손대지 못했다. 가족들조차 모두 나를 피했다. 나 때문에 가장 큰 피해를 본 사람은 형이다. 나는 수시로 형을 때리고 욕했으며 그가 미처 잠에서 깨어나기도 전에 마치 미친 늑대처럼 그에게 달려들기도 했다.'

나폴레옹은 얼굴이 하얗고 덩치는 작았지만 상대방을 두려움에 떨게 만들 만큼 난폭하고 힘이 셌다. 나폴레옹이 어렸을 때 가족들은 그를 "바보 같은 놈"이라고 욕했고, 주변 사람들은 "나쁜 놈"이라고 욕했다.

그러나 이렇게 사람들에게 무시당하는 사이 나폴레옹의 마음속에는 조금씩 아주 거대한 힘이 자라났다. 그것은 바로 미래에 대한 꿈이었다.

나폴레옹은 자신이 평범하지 않다는 것을 어렴풋이 의식하기 시작했으나 처음에는 그것이 어떤 것인지 분명히 알지 못했다. 그러나 그때부터 나폴레옹은 제멋대로이고 터무니없기는 하지만 야망을 갖기 시작했다. 그는 지배자, 최고 우두머리가 되고 싶었다. 자기가 원하는 모든 것을 가질 수 있는 강력한 힘을 지닌 지배자가 되고 싶었다.

나폴레옹은 자라면서 더욱 분명하게 자신을 인식하기 시작했다. 그는 항상 그 나이 또래의 아이들이 상상조차 할 수 없는 엄청난 일들을 꿈꾸었다. 나폴레옹은 아주 복잡한 계획을 세우는 데 광적으로 집착했으며, 동시에 침착하고 냉철한 이성으로 자신의 행동을 조절하는 능력을 키워갔다.

어느 날 나폴레옹은 스스로 엄청난 사고력을 지니고 있음을 깨달았다. 이때 그는 자신의 진면목을 발견하게 되었다. 새로운 자신의 발견과 삶의 목표는 그의 열정에 불을 붙였다. 드디어 그는 자신이 해야 할 일이 무엇인지를 분명히 인식했다.

"그렇다. 나는 아주 뛰어난 장군으로서의 소질을 타고났다. 내가 원하는 것은 바로 권력이다."

일단 명확한 자아의식이 확립되자, 곧이어 거대한 추진력이 발휘되었다. 나폴레옹의 군대가 가는 길에는 오직 승리뿐이었다. 아무도 그 기세를 막을 수 없었다.

35세가 되던 해, 나폴레옹은 드디어 프랑스 황제로 등극했다.

당신이 꿈을 갖는 순간 당신의 잠재력은 끝없이 커지기 시작한다. 나폴레옹은 스스로 이상을 꿈꾸었기에 특별한 삶을 살 수 있었다.

한 초등학교에서 선생님이 작문 시간에 학생들에게 '나의 희망'이라는 주제를 주고 글짓기를 시켰다. 한 학생이 자신 있게 자신의 꿈에 대해 줄줄 써내려가기 시작했다.

'나는 앞으로 수만 평에 이르는 넓은 농장을 갖는 것이 꿈입니다. 광활한 농장에 끝없이 이어진 푸른 초원을 만들 것입니다. 농장 안에 여러 채의 통나무집을 짓고 바비큐 요리장을 만들고 멋진 펜션도 지을 것입니다. 그중 한곳에 내가 살고 나머지는 농장에 놀러 온 사람들이 편안하게 휴식을 취하며 머물다 가도록 하겠습니다.'

이 학생의 글을 읽고 난 선생님은 다시 써오라고 말했다. 학생은 자기가 쓴 글을 자세히 살펴보았지만 아무리 봐도 잘못된 곳이 없었다. 학생은 선생님에게 무엇이 잘못되었는지를 물었다.

It has never been my object to record my dreams, just to realize them.

꿈을 기록하는 것이 내 목표가 아니라 꿈을 실현하는 것이 나의 목표이다.

선생님이 말했다.

"나는 너희에게 희망 사항을 쓰라고 했지, 이런 잠꼬대 같은 헛소리를 쓰라는 것이 아니었다. 알겠니?"

"그렇지만 선생님, 이게 정말 제 꿈이에요."

"아니야. 그건 실현 불가능한 일이야. 쓸모없는 공상일 뿐이지. 다시 써 오너라."

학생은 여전히 수긍할 수 없었다.

"이것은 분명히 제가 꿈꾸는 희망입니다."

선생님은 고개를 흔들며 만약 다시 써오지 않으면 낙제 점수를 받을 거라고 말했다. 학생은 끝내 다시 쓰지 않았고, 그가 처음 써낸 작문은 결국 낙제 점수를 받았다.

30년 후, 이 선생님은 풍경이 아주 빼어난 휴양지로 학생들을 인솔하고 수학여행을 갔다. 그곳에서 선생님은 끝없이 펼쳐진 푸른 초원과 편안한 잠자리, 사방에서 진동하는 고기 굽는 냄새 등을 마음껏 즐겼다. 그런데 그곳은 바로 30년 전 선생님이 낙제 점수를 준 학생의 휴양지였다.

자신의 아름다운 미래의 청사진을 사람들 앞에 내놓았을 때 처음에는 냉정한 비난을 받을 수도 있다. 그 때문에 마음에 상처를 입을 수도 있다. 그러나 포기하지 않고 끝까지 그 꿈을 이루기 위해 노력하다 보면 좀 더 구체적이고 발전된 새로운 계획이 떠오를 것이다. 당신 인생의 새로운 목표가 생기는 것이다. 이것은 당신의 생활방식, 삶의 질을 바꾸어줄 것이며 당신은 완벽하고 아름다운 인생을 누리게 될 것이다.

시련이나 좌절을 두려워하지 말라. 자신의 잠재력을 믿어라. 사람은 누구나 자신의 이상을 실현시킬 능력을 가지고 있다. 꿈을 가진 사람만이 자신의 인생을 끊임없이 발전시킬 수 있다.

시련은 삶을 이어가게 하는 가장 큰 원동력이다. 당신은 지금 겪고 있는 시련이 혐오스러울지도 모른다. 그러나 훗날 성공하는 순간 당신은 지금의 시련이 있었음에 감사하게 될 것이다.

찰스 디킨스는 어려서부터 글을 쓰는 것이 꿈이었다. 그러나 현실은 늘 그의 꿈을 가로막았다. 집안이 너무 가난했기에 디킨스는 학업을 포기해야 했다. 아버지가 빌린 돈을 갚지 못해 감옥에 들어간 후로는 배고픔이 무엇인지 뼈저리게 느껴야 했다.

디킨스가 처음 구한 직업은 쥐가 들끓는 화물 창고 안에서 유리병에 라벨을 붙이는 일이었다. 그는 일을 마치고 나면 다른 직원 두 명과 함께 좁고 어두운 다락방에 고단한 몸을 누이고 잠을 자야 했다.

그의 삶은 고달픔의 연속이었지만 디킨스는 절대 꿈을 잃지 않았다. 그는 쉬는 시간마다 책을 읽고 습작을 했다. 그러나 그 역시 꿈을 실현시킬 수 있을지에 대해서는 자신이 없었다. 그래서 디킨스는 첫 작품을 완성한 후에도 사람들의 비웃음이 두려워 한밤중에 아무도 모르게 원고를 우체통에 넣었다.

디킨스는 몇 차례 더 투고했으나 모두 되돌아왔다. 그러나 그는 실망하지 않고 계속 글을 썼다. 그러던 어느 날 그의 원고가 채택되었다. 비록 원고료는 얼마 받지 못했지만 이것은 디킨스의 자신감에 불을 지폈다. 디킨스는 마치 하느님의 복음을 전해들은 것만 같았다. 디킨스는 너무 기쁜 나머지 눈물을 흘리며 무작정 거리로 뛰어나갔다.

한번 발동이 걸리자 그에게는 더이상 거칠 것이 없었다. 디킨스는 쉬지 않고 작품을 쏟아냈고 그의 작품은 모두 불후의 명작이 되었다. 그는 마침내 전 세계가 인정하는 대문호의 타이틀을 거머쥐었다. 디킨스는 문학가로 성공한 후 자기가 어린 시절 겪었던 고통이 창작의 가장 큰 원동력이자 영감의 원천임을 깨달았다.

꿈이 없는 사람은 산송장과 다를 바 없다. 꿈을 가지면 당신의 인생은 끊임없이 발전할 것이다. 끝까지 꿈을 포기하지 않으면 언젠가 반드시 실현된다. 꿈은 우리에게 인생의 가치를 알 수 있게 해주는 아주 소중한 것이다.

24
사소한 일로 고민하지 말라

카네기는 "우리가 이 세상에 머무는 시간은 길어봤자 몇십 년이다. 그러나 우리는 그중 아주 많은 시간을 쓸데없는 일에 낭비하고 있다. 사람들은 채 일 년도 못 가 잊어버릴 사소한 일 때문에 오랫동안 고민하고 괴로워한다. 이 얼마나 안타까운 일인가? 우리가 일상적으로 고민하는 일 대부분은 대단한 것이 아니다. 며칠 혹은 몇 달 후면 모두 잊힐 사소한 일들이다"라고 말했다.

앨버트는 시내에 잡화 상점을 열었다. 그러나 장사가 안 되어 저축해두었던 돈은 금방 바닥났고 빚은 점점 늘어갔다. 앨버트는 하는 수 없이 돈을 빌려야겠다고 생각했다. 앨버트가 축 처진 어깨에 상심한 표정으로 걷고 있을 때 반대편에서 누군가 다가왔다. 그 사람은 양다리가 없었다. 그는 롤러스케이트를 부착한 작은 나무판자 위에 몸을 실은 채 양손에 쥔 나무 막대기로 바닥을 치며 앞으로 나가고 있었다.

몇 초 후 두 사람의 시선이 마주쳤다. 그는 환하게 웃으며 활기찬 목소리로 앨버트에게 인사를 건넸다.

"안녕하세요! 오늘 정말 날씨 좋지요?"

그 사람을 본 순간 앨버트는 자신이 얼마나 행복한 사람인지를 깨달았다. 단 몇십 초 사이에 앨버트는 삶의 의미를 깨달았다. 그것은 그가 지난 몇십 년 동안 배운 것보다 훨씬 큰 깨달음이었다.

이 일은 앨버트의 인생을 바꾸는 중요한 계기가 되었다. 앨버트는 새로운 일자리를 찾았고 긍정적이고 적극적인 자세로 살기 시작했다.

어떤 사람이 아주 사소한 일로 이웃과 말다툼을 벌였다. 싸울수록 두 사람은 감정이 격해졌고 양쪽 모두 절대 물러서지 않으려고 했다. 그는 화를 참지 못한 채 씩씩거리며 목사를 찾아갔다. 목사는 그 마을에서 가장 현명하고 정의로운 사람이었다.

"목사님, 제발 누가 옳은지 판정을 내려주세요. 옆집에 사는 그 인간은 정말 개똥같아서……."

목사는 그가 증오와 분노에 가득 차 옆집 사람을 욕하려는 순간 그의 말머리를 끊어버렸다.

"미안합니다. 지금 제가 해야 할 일이 있어서요. 죄송하지만 오늘은 그냥 가시고, 내일 다시 얘기하면 안 될까요?"

다음 날, 그는 날이 밝자마자 목사를 찾아갔다. 그는 여전히 화가 나 있는 상태였지만 어제보다는 확실히 화가 많이 가라앉아 있었다.

"목사님, 오늘은 꼭 제 말씀을 들어주세요. 도대체 누가 옳은지 말씀해주세요. 세상에 그 인간이 말이지요……."

그가 다시 옆집 사람을 욕하기 시작했다. 그러자 목사는 아주 담담하게 말했다.

"아직도 화를 삭이지 못했군요. 마음이 가라앉은 후에 다시 얘기합시다. 전 아직 할 일이 남아 있거든요."

이렇게 며칠이 지나자 그는 더 이상 목사를 찾아가지 않았다.

어느 날 목사는 산책을 나갔다가 우연히 그를 만났다. 그는 밭에서 열심히 일을 하고 있었는데 그날은 아주 편안한 듯 표정도 밝아보였다.

목사는 그에게 다가가 빙그레 미소를 지으며 물었다.

"아직도 제 도움이 필요한가요?"

그는 부끄러운 듯 겸연히 웃으며 말했다.

"아니요. 전 이미 마음이 편안해졌는걸요. 다시 생각해보니 별일 아니었어요. 그렇게 화낼 일이 아니었더라고요."

"바로 그것입니다. 내가 당신에게 나중에 얘기하자고 했던 이유는 바로 당신이 생각할 시간을 갖고 마음을 가라앉히길 바랐기 때문입니다. 잊지 마세요. 몹시 화가 나 있을 때는 어떤 말이나 행동도 도움이 되지 않습니다."

기분 나쁜 일이 있을 때는 잠시 뒤로 물러나 천천히 마음을 가라앉혀

라. 절대 곧바로 화를 내면 안 된다. 그렇지 않으면 더 크게 화낼 일이 생기고, 이후 엄청난 대가를 치러야 할 수도 있다.

　루슨은 나이트클럽에서 서커스를 하고 있었다. 그는 수입이 적어 생활이 넉넉하지는 못했지만 항상 웃음을 잃지 않고 긍정적으로 살고자 노력했다. 루슨은 '태양이 지면 곧 다시 떠오를 것이고, 태양이 떠오르면 곧 다시 저물 것이다. 이것이 바로 인생이다'라는 신념을 갖고 있었다.

　루슨은 자동차광이었지만, 그의 수입으로는 차를 사는 일은 꿈도 꿀 수 없었다. 그는 친구들에게 항상 "차 한 대만 있으면 정말 좋을 텐데!"라고 말하곤 했다. 이렇게 말하는 그의 눈동자에서 무한한 동경을 느낄 수 있었다.

　루슨은 어느 날 2달러짜리 복권 한 장을 샀다. 하느님이 그를 특별히 생각했는지, 루슨은 복권 1등에 당첨되는 행운을 안았다. 루슨은 드디어 소원을 성취했다. 그는 당첨금으로 차를 사서 하루 종일 드라이브를 하느라 나이트클럽에도 거의 나가지 않았다. 사람들은 휘파람을 불며 가로수 길을 달리는 그를 볼 수 있었다. 그의 차는 항상 먼지 하나 없이 깨끗했다.

　어느 날 루슨이 어느 건물 앞에 잠시 차를 세워두고 일을 처리하러 갔다가 30분쯤 지난 후 나왔는데, 차가 없어졌다.

　친구들은 이 소식을 듣고 복권 당첨금을 몽땅 쏟아부을 만큼 아끼는 차를 눈 깜짝할 새에 잃어버렸으니 분명히 그가 큰 충격을 받았을 것이라 생각했다. 친구들은 루슨을 위로하기 위해 그를 찾아갔다.

Laughter is the tonic, the relief, the surcease for pain.

웃음은 강장제이고, 안정제이며, 진통제이다.

"루슨, 차를 잃어버렸다고 너무 상심하지는 말게."

그러자 루슨이 크게 웃으며 말했다.

"이것 봐, 내가 왜 상심해야 하지?"

친구들은 이해할 수 없다는 듯 서로 멍하니 얼굴만 쳐다보았다.

"너희는 실수로 이 달러를 잃어버렸다고 슬퍼하니?"

그러자 친구들 중 누군가 외쳤다.

"당연히 아니지!"

"맞아! 난 이 달러를 잃어버렸을 뿐이라고!"

머리카락이 세 올밖에 없는 사람이 있었다. 어느 날 그는 아주 유명한 미용실에 가 헤어디자인을 의뢰했다.

미용사가 어떤 스타일을 원하느냐고 묻자 그가 말했다.

"난 어떻게 해야 할지 잘 모르겠으니 당신이 알아서 해주시오!"

"그렇다면 머리카락이 세 올이니 땋아드릴게요."

그런데 미용사가 머리를 땋다가 잘못하는 바람에 머리카락 한 올이 빠지고 말았다. 미용사가 말했다.

"손님, 죄송합니다. 머리카락 한 올이 빠져서 머리를 땋을 수가 없네요. 어떻게 할까요?"

그러자 손님이 대답했다.

"괜찮습니다. 그러면 반으로 가르마를 타면 되겠군요!"

그런데 가르마를 타던 중 머리카락 한 올이 또 빠져버렸다.

미용사가 말했다.

"손님, 정말 죄송합니다. 머리카락 한 올이 또 빠졌습니다."

그러자 손님이 말했다.

"그럼 됐소. 그냥 그대로 머리를 풀어헤치고 가지요, 뭐."

위와 같은 일은 우리의 일상에서 거의 매일 일어나고 있다. 만약 우리가 이런 사소한 일 때문에 매일 화를 내고 고민에 빠진다면 우리 인생은 결국 어떻게 되겠는가?

우리는 일상 속에서 늘 크고 작은 일에 부딪힌다. 어쩌면 당신은 이런 일들 때문에 걱정하고 화를 낼지 모른다. 그러나 당신이 긍정적인 성격의 소유자라면 충분히 이런 스트레스를 날려버릴 수 있다. 이처럼 작은 고민들을 날려버리고 즐거움을 찾는 것은 가장 고단수의 처세 철학 중 하나이다.

25
이성으로 분노를 제어하라

화를 내는 것은 자신을 벌하는 일이다. 한 번 화를 낼 때마다 성공으로부터 한 걸음 더 멀어진다는 사실을 꼭 기억하자.

감정에 상처가 생겼을 때 본능적으로 나타나는 반응 중 하나가 바로 분노이다. '화는 간을 상하게 한다'라는 말이 있듯이 화를 내는 일은 육체적으로나 정신적으로나 백해무익하다. 또한 역사적으로 많은 학자가 분노의 위험성을 논리적으로 증명하기도 했다.

고대 그리스의 철학자 피타고라스는 "사람은 격분한 상황에서는 이성적으로 판단하고 행동할 수 없다. 분노는 어리석음에서 시작되어 후회로 끝을 맺는다"라고 말했다. 또 베이컨은 "어떤 방식으로 분노를 표출하는가는 상관없다. 다만 돌이킬 수 없는 일을 만들지는 말라"라고 경고했다. 그만큼 한순간의 분노로 큰 잘못을 저지르거나 돌이킬 수 없는 화를 자초하는 사람들이 많다는 의미일 것이다.

제2차 세계대전이 한창이던 어느 날, 미국의 조지 패튼 장군은 부상당한 병사들을 위로하기 위해 후방의 한 병원을 방문했다.

그는 한 병사 앞에 서서 부드러운 목소리로 물었다.

"뭐 필요한 게 있나?"

병사가 고향으로 돌아가고 싶다고 말하자 그는 되물었다.

"왜 돌아가고 싶은가?"

병사는 흐느끼며 대답했다.

"저는 지금 정신적으로 너무 힘이 듭니다."

"그게 무슨 말인가?"

"저는 지금 너무 지쳐 있어서 대포 소리만 들어도 죽을 것 같습니다."

그러자 그는 화를 참지 못한 채 소리쳤다.

"정말 정신 상태가 글러먹었군. 자넨 겁쟁이야. 아주 멍청한 겁쟁이!"

그는 병사의 따귀를 때리며 목소리를 높였다.

"이런 바보 같은 놈! 내 용감한 병사들 앞에서 눈물을 흘리다니, 당장 그치지 못해?"

장군이 다시 한 번 병사의 따귀를 때리자 그의 모자가 병실 밖까지 날아가 떨어졌다. 장군은 의료진들을 돌아보며 말했다.

"앞으로 이런 녀석은 치료해줄 필요 없네. 이런 놈들은 전혀 쓸모없으니까. 군인다운 기상이라고는 눈곱만큼도 없는 놈들은 이 병원에 누워 있을 자격이 없어!"

패튼 장군은 다시 그 병사를 쳐다보며 말했다.

"나는 너를 전방으로 보내겠다. 전방에서 총에 맞아 죽더라도 넌 그곳으로 가야 해. 만약 가지 않겠다고 하면 군법에 회부해 총살시켜버리겠다. 솔직히 말하면 난 지금 당장 너를 죽여버리고 싶어!"

이 일은 아주 빠르게 퍼져나갔고 미국 사회에 큰 반향을 일으켰다. 수많은 미군의 어머니들이 패튼 장군의 해임을 요구했고, 한 인권단체에서는 그를 군사재판에 회부해야 한다고 주장했다.

다행히 조지 마셜 장군이 나서서 사태를 수습하고 일을 무마시켰지만 이 사건은 패튼 장군의 명성에 큰 오점으로 남았다. 마침 진급심사를 눈앞에 둔 시점이었기에 패튼 장군은 매우 곤란한 상황에 처했다. 그의 경솔하고 극단적인 행동은 정계에까지 널리 퍼졌고 전쟁이 끝나자 그는 곧 파직당하고 말았다.

화를 내는 데는 물론 그만한 이유가 있을 것이다. 그러나 누구나 충분히 이성적으로 생각하고 자신의 감정을 조절할 능력을 가지고 있다. 그렇기에 사람은 감정이 끌리는 대로 행동해서는 안 된다. 자신의 정당한 권리를 주장하고 싶다면, 아무리 감정이 상하더라도 분노로 표출하지 말고, 이성적 사고를 통해 적절한 수단과 방법을 찾아야 한다.

길을 걷다가 돌부리에 걸려 넘어졌을 때 돌한테 화를 내는 사람은 없다. 그렇다면 자신을 화나게 만든 사람을 돌이라고 생각하면 별일 아니지 않은가? 이제 남은 문제는 앞으로 이런 돌부리를 어떻게 피해갈 것인지 그 방법을 찾는 것이다.

Never do anything when you are in a temper, for you will do everything wrong.

화났을 때는 아무 일도 하지 말라.
하는 일마다 잘못될 것이다.

고대 그리스의 철학자 소크라테스가 어느 날 친구와 함께 아테네 신전 주변을 산책하며 대화를 나누고 있었다. 그때 갑자기 나타난 한 청년이 몽둥이로 소크라테스를 때리고 사라졌다. 이 청년은 사회에 쌓인 불만을 그렇게 표현한 것이었다. 옆에 있던 친구는 당장 그 청년을 쫓아가려 했다. 그러나 소크라테스는 친구를 붙잡고 만류했다. 친구는 자기가 더 분하다는 듯 물었다.

"자네가 저 청년을 무서워할 이유라도 있는가?"

"나는 저 청년이 무서운 게 아니라네."

"그럼, 저놈이 먼저 자네를 때렸는데 자네는 왜 가만 놔두라는 건가?"

소크라테스는 빙그레 웃으며 말했다.

"이봐, 친구. 자네 정말 바보 같군. 자네는 당나귀가 어쩌다 자네를 걸어 찼다고 해서 자네도 똑같이 당나귀를 걸어차는가?"

친구는 이 말을 듣고 고개를 끄덕이며 평정을 되찾았다.

교양이란 그 사람이 얼마나 깊은 수양을 했는가에 따라 다르게 나타난다. 조금 억울한 일을 당했다고 곧바로 보복하는 것은 교양 있고 고상한 사람이 할 행동이 아니다.

사람은 누구나 장단점을 가지고 있기 때문에 상대방에게 지나치게 완벽한 것을 요구해서는 안 된다. '맑은 물에 고기가 살 수 없고, 지나치게 깨끗하고 고상한 사람 주변에는 친구가 없다'라는 옛말의 의미를 깊이 되새겨보라. 타인의 잘못을 너그러이 받아들이면 나에게 더 좋은 일이 생긴

나. 타인의 잘못으로 자신을 벌하는 어리석은 짓은 하지 말아야 한다.

서양 사람들은 화가 나면 이런 방법을 자주 사용한다고 한다. 화낼 일이 생기면 마음속으로 숫자를 세는 것이다. 별로 중요한 일이 아니라면 열까지 세는 동안 마음이 가라앉을 것이다. 더 크게 화가 났을 때는 백 또는 천까지 숫자를 헤아린 후 행동하면 된다.

✽

옛날에 아주 무식한 가난뱅이가 하루아침에 큰 부자가 되었다. 어리석은 부자는 갑자기 큰돈이 생기자 돈을 어떻게 써야 할지 막막했다. 그래서 스님을 찾아가 고민을 털어놓았다. 스님이 말했다.

"당신은 늘 가난했기 때문에 지혜를 쌓을 기회가 없었습니다. 지금 갑자기 큰 부자가 되어 가난에서는 벗어났지만, 지혜는 하루아침에 쌓을 수 있는 것이 아니지요. 듣자하니 요즘 성 안에 지혜로운 사람이 많다고 합니다. 당신이 천 냥을 내놓겠다고 하면 분명 당신에게 지혜로워지는 법을 알려주는 사람이 있을 것입니다."

어리석은 부자는 곧장 성 안으로 들어가 사람들에게 어디로 가야 지혜를 살 수 있느냐고 물어보았다. 어떤 스님이 그에게 말했다.

"만약 어려운 문제가 생기거든 조급하게 행동하지 말고 먼저 앞으로 일곱 걸음 나갔다가 다시 뒤로 일곱 걸음 물러나시오. 이렇게 세 번만 하면 곧 지혜가 생길 것입니다."

"지혜를 얻는 일이 그렇게 간단합니까?"

어리석은 부자는 반신반의했다.

그날 밤, 늦게 집에 돌아온 어리석은 부자는 희미한 달빛 사이로 아내가 낯선 남자와 자고 있는 것을 발견했다. 그는 너무 화가 나서 당장 칼을 뽑아들고 두 사람을 죽이려 했다. 이때 그의 머릿속에 갑자기 낮에 샀던 지혜가 떠올랐다.

'그 스님 말대로 한번 해볼까?'

그래서 그는 앞으로 일곱 걸음 다시 뒤로 일곱 걸음, 이렇게 세 번 반복하고 난 후 방에 불을 켰다. 아내와 함께 누워 자고 있는 사람은 다름 아닌 자신의 어머니였다.

이 벼락부자는 마침 분노를 참을 수 있는 지혜를 샀기 때문에 자기 손으로 어머니를 죽이는 비극을 피할 수 있었다.

'작은 것을 참지 못하면 큰일을 그르친다'라는 속담이 있다. 화가 날 때는 잠시만 참고 당신의 분노가 어떤 결과를 초래할 것인지 생각해보라. 만약 자신의 심신을 상하게 하거나 물질적인 손해가 생길 수 있다면 감정을 조절해야 한다.

26
우유부단한 성격을 잘라내라

우유부단한 사람은 평생 아무것도 이루지 못한 채 빈손으로 생을 마감할 수밖에 없다. 우유부단한 사람은 눈앞에 아주 좋은 기회가 와도 잡지 못하고 남의 성공에 들러리밖에 되지 못한다.

바둑돌을 손에 쥔 채 한참 동안 내려놓지 못하는 사람을 본 적이 있는가? 이 사람은 바둑돌을 여기에 놓아도 안 될 것 같고 저기에 놓아도 안 될 것 같아 계속 망설이기만 한다.

우리 주변에는 이렇게 평생 바둑돌을 쥐고 사는 불쌍한 사람들이 의외로 많다. 이들은 어떤 문제가 생기면 당연한 듯 타인에게 어떻게 해야 할지를 묻는다. 이들은 주관도 없고 의지도 박약하기 때문에 자신을 믿지 못하고, 타인의 말 역시 신뢰하지 못한다. 그 때문에 누군가 명쾌하게 답을 제시해주어도 따르지 못한다.

정말 심각하게 우유부단한 사람은 결정을 내리지 못하는 것은 물론이고 자신이 책임져야 할 일도 모른 척 회피한다. 이들은 주관적으로 판단

하거나 분석하지 못하기 때문에 일이 어떻게 진행되고 어떤 결과가 생길지 전혀 감을 잡지 못한다. 어쩌다 결정을 내려도 끊임없이 의심만 하다가 결국 포기해버리고 만다. 결국 아무리 훌륭한 계획을 세워도 무용지물이 되는 것이다.

성공한 사람 대부분은 성공을 위해 가장 경계해야 할 것으로 우유부단한 성격을 꼽는다. 우유부단한 성격이 아직 심각한 수준에 이르지 않았다면 최대한 빨리 제거해야 한다. 더 이상 미루거나 주저하지 말라. 내일로 미루지 말고 오늘 당장 시작하라. 어떤 상황에서든 과감히 결단을 내릴 수 있도록, 신속하게 계획을 세울 수 있도록, 어떤 상황에서도 머뭇거리지 않도록 억지로라도 자신을 훈련시켜야 한다.

물론 복잡하고 중요한 일이라면 결정을 내리기 전에 반드시 여러 각도에서 따져보고 비교해보아야 한다. 활용 가능한 모든 상식과 지식을 동원하여 정확한 판단이 섰을 때 최종적으로 결정을 내려야 한다. 그러나 일단 마음을 정하고 나면 절대 다른 가능성을 생각하거나 뒤로 물러날 궁리를 하지 말라. 일단 목표가 정해졌으면 퇴로를 차단해야 한다. 이것이 바로 결단력을 기르고 자신감을 키우고 주변 사람들에게 신뢰를 얻을 수 있는 첫걸음이다. 아마도 처음에는 잘못된 결정을 내려 일을 망치거나 손해를 볼 수도 있다. 그러나 포기하지 않고 꾸준히 지속해야 반복되는 경험 속에서 바른 결정을 내리는 방법을 찾을 수 있다.

Patience has its limits. Take it too far, and it's cowardice.

인내에도 어느 정도가 있다. 너무 오래 참으면 그건 비겁한 것이다.

끝까지 일을 완수한 적이 한 번도 없는 사람이 있었다. 그는 어떤 일을 하든지 항상 다시 생각해볼 여지를 남겨두었다. 예를 들면 편지를 쓸 때 아직 날짜가 남아 있으면 겉봉투를 봉하지 않았다. 어딘가 다시 고쳐 써야 할 부분이 있을지 모르기 때문이다. 또 그는 봉투를 봉하고 우표까지 붙여서 막 우체통에 넣으려다가 다시 봉투를 뜯어 편지 내용을 고친 적도 한두 번이 아니었다. 가장 심했던 일은 친구에게 편지를 보낸 후 다시 그 친구에게 전보를 쳐서 그 편지는 원래 보내려던 것이 아니니 다시 돌려보내달라고 한 것이었다.

그는 다양한 사회 활동을 벌이면서 훌륭한 인품을 인정받은 지역 유명 인사였지만 이런 우유부단한 성격 때문에 100퍼센트 신뢰를 얻는 데에는 실패했다. 주변 친구들은 모두 그에게 이런 단점이 있다는 것을 매우 안타까워했다.

아주 우유부단한 성격을 지닌 여성이 있었다. 그녀는 어떤 물건을 사야 겠다고 생각하면 시내에서 그 물건을 팔고 있는 백화점이란 백화점에 다 가봐야 직성이 풀렸다. 그녀는 백화점에 들어서면 이 매장 저 매장 돌아다니며 가격이나 상태를 살펴보느라 바쁘다. 어렵게 물건을 하나 골라 카운터에 올려놓으면서 그녀는 또 다시 고민에 빠진다. 이걸 사는 게 옳은 일일까? 그녀는 다시 물건을 이리저리 살피기 시작하고 자신이 원래 사려고 했던 색깔과 모양이 아니라는 생각이 들자 이것을 사야 할지 말아야 할지 도저히 결정을 내릴 수 없게 된다. 그러면 그녀는 다시 점원에게 이것저것 묻는다. 이미 물어본 걸 몇 번이나 다시 물어보니 점원들은 점점 짜증이 난다. 결국 그녀는 물건을 사지 못한 채 빈손으로 돌아간다.

그녀는 따뜻한 겨울옷을 사려고 했다. 그러나 둔해 보이거나 무겁고 너무 두툼한 옷은 싫었다. 그녀가 사려는 옷은 여름에도 입을 수 있고 겨울에도 입을 수 있고, 산이나 바다에도 모두 어울리면서 교회에도 입고 갈 수 있고 극장에도 입고 갈 수 있어야 했다. 하지만 그런 옷은 세상 어디에도 존재하지 않는다. 만에 하나 그녀가 그런 옷을 찾았다 하더라도 그녀는 또 다시 이것이 정말 옳은 선택일까 고민할 것이다. 그리고 '이 옷을 사 가지고 가서 다른 사람에게 물어보고 나서 별로라고 하면 다시 교환이나 환불을 할 수 있을까?'라고 생각한다. 그녀는 물건을 사고 나서 서너 번씩 교환하는 일이 다반사였지만 그러고 나서도 마음에 드는 물건은 거의 없었다.

결단력은 성공을 좌우하는 아주 중요한 능력이다. 결단력이 없는 사람은 일평생 망망대해에 떠 있는 외로운 나룻배처럼 파도와 바다에 휩쓸려 다니면서 영원히 자신이 원하는 목적지에 도달하지 못한다.

나사렛대학교의 한 홍보 담당자가 '영업과 경영관리' 수업 과정을 소개하기 위해 서부 소도시에 사는 한 부동산 중개업자를 찾아갔다.

부동산 사무실에 들어서니 중개업자는 낡은 타자기로 편지를 작성하고 있었다. 홍보 담당자는 먼저 간단히 자기소개를 하고 '영업과 경영관리' 수업 과정에 대해 설명했다. 중개업자는 매우 흥미 있는 듯 설명에 집중했다. 그러나 설명이 끝나고 난 후 한참 동안 중개업자는 이렇다 저렇다 말이 없었다. 홍보 담당자는 답답한 마음에 단도직입적으로 물었다.

"이 수업을 받아보시겠습니까?"

그러자 중개업자는 작은 소리로 대답했다.

"글쎄요. 저도 해야 할지 말아야 할지 모르겠네요."

그렇다. 이 중개업자는 우유부단한 사람이었다. 사실, 이 중개업자처럼 빨리 결정을 내리지 못하는 우유부단한 성격을 가진 사람은 이 세상에 수도 없이 많다.

홍보 담당자는 오랫동안 홍보 일을 하면서 인간의 심리에 대해 정통한 사람이었다. 그는 이렇게 앉아 있어봤자 아무 소용없다는 것을 잘 알고 있었다. 그래서 곧바로 몸을 일으켜 떠날 채비를 하면서 마지막 충격요법을 써보기로 했다. 그는 중개업자에게 아주 충격적인 말을 퍼부었다.

"더 있어봐야 소용없겠군요. 가기 전에 마지막으로 당신에게 이 말은 꼭 해주고 싶군요. 어쩌면 당신이 아주 듣기 싫어할 말인지도 모르겠습니다. 하지만 이 말은 분명히 당신에게 큰 도움이 될 것입니다. 먼저 당신 사무실을 한번 둘러보시지요. 바닥은 지저분하기 짝이 없고 벽은 먼지투성이입니다. 당신이 지금 사용하고 있는 타자기는 마치 노아의 방주 시대에나 있을 법한 것이군요. 당신이 입고 있는 옷도 지저분하고 단정치 못합니다. 얼굴은 지저분한 수염으로 뒤덮여 깔끔하지 못하고요. 도대체 얼마나 오랫동안 면도를 안 했는지 궁금하군요. 마지막으로 당신의 눈! 그 눈은 바로 당신의 인생이 실패했다는 것을 단적으로 보여주고 있습니다. 내 생각이 맞다면 아마 당신의 아내와 아이들 역시 당신처럼 제대로 입지도, 먹지도 못하고 있겠군요. 당신 아내는 지금까지 아무 말 없이 당신을 따르고 있지만 지금 당신의 모습은 애당초 그녀가 꿈꾸었던 것과 아주 다른 모습일 것입니다. 당신의 아내는 신혼 때 분명히 당신이 장래에 크게 성공할 것이라고 믿었을 것입니다. 나는 당신을 우리 학교 학생으로 끌어들이려고 이런 말을 하는 것이 아닙니다. 당신이 지금 당장 현금을 싸들고 와서 학비를 선납해도 나는 당신을 학생으로 받을 생각이 별로 없습니다. 당신은 그 수업 과정을 이수하지 못할 것이 분명하기 때문입니다. 나는 우리 학교 졸업생 중 당신 같은 실패자가 나오는 것을 원치 않습니다. 지금부터는 당신이 왜 이렇게 실패할 수밖에 없었는지 알려드리지요. 바로 그 우유부단한 성격 때문입니다. 그 성격 때문에 당신은 아주 작은 일도 스스로 판단하지 못합니다. 당신은 책임을 회피하기 위해 아무 결정도 내리지 않은 것입니다. 당신은 평생을 이렇게 살았습니다. 단언하건대, 오늘 이 기회를 놓치면 당신은 절대 성공할 수 없습니다. 지금 당신이 이 수업 과정에 참가하고 싶다든지 혹은 싫다든지 어느 쪽이든 자신의 생각을 말할 수 있다면 나는 당신의 의견을 무조건 존중할 것입니다. 사실 난 당신이 돈이 없어서 망설이고 있다는 것을 알고 있습니다. 그러나 당신은 사실대로 말하지 않았습니다. 뭐라고 했죠? 참가해야 좋을지 어떨지 모르겠다고요? 이것 역시 책임을 회피하기 위한 언행일 뿐입니다. 이렇게 피하기만 하면 당신 인생에는 아무 발전도 없을 것입니다.”

중개업자는 그 자리에 얼어붙은 듯 고개를 떨군 채 의자에 앉아 있었다. 홍보 담당자의 말은 그에게 큰 충격이었지만 그는 눈만 동그랗게 뜨고 있을 뿐 아무 변명도 하지 않았다.

홍보 담당자는 벌떡 일어나 작별 인사를 하고 사무실 문을 닫고 나가버렸다. 잠시 후 문이 다시 열리더니 그가 들어왔다. 그는 아직도 얼떨떨해하고 있는 중개업자 앞에 서서 활짝 웃으며 말했다.

"방금 내 말이 좀 심했을 것입니다. 나는 당신을 화나게 만들려고 일부러 좀 심하게 말했습니다. 남자 대 남자로서 솔직히 말하겠습니다. 나는 당신이 똑똑하고 능력 있는 사람이라고 생각합니다. 불행히도 당신이 실패자의 습관에 길들여졌지만 여전히 늦지 않았습니다. 충분히 다시 일어설 수 있습니다. 방금 내가 한 말을 이해하고 받아들일 수 있다면 나는 기꺼이 당신을 돕겠습니다. 우선 당신은 이렇게 작은 도시에 머물러 있으면 안 됩니다. 이런 곳에서는 부동산업으로 성공할 수 없습니다. 일단 새 옷으로 갈아입으세요. 지금 당장 돈이 없다면 빌려서라도 새 옷을 사 입고 나와 함께 세인트루이스로 나갑시다. 그곳에서 내가 잘 아는 부동산업자를 소개해드리지요. 그 사람은 당신에게 큰 기회를 줄 것입니다. 또한 당신이 앞으로 투자하는 데 도움이 될 만한 부동산 관련 정보와 주의 사항을 알려줄 것입니다. 어때요? 나와 함께 가겠습니까?"

홍보 담담장의 말이 끝나자 중개업자는 갑자기 머리를 감싸쥐고 눈물을 흘리기 시작했다. 그리고 잠시 후 겨우 자리에서 일어나 홍보 담당자의 손을 잡으며 그에게 고맙다고 말했다. 중개업자는 홍보 담당자의 충고를 모두 받아들이겠지만, 먼저 자기 방식대로 행동하겠다고 말했다. 그는 먼저 '영업과 경영관리' 수업 과정 신청서를 작성하고 얼마의 돈을 내놓았다. 돈이 충분치 않아 먼저 한 학기 수업료만 내놓은 것이다.

3년 후, 우유부단한 성격을 과감히 떨쳐버린 그 중개업자는 직원 60명을 거느린 큰 회사의 사장님이 되었고 세인트루이스에서 가장 성공한 부동산업자 중 하나가 되었다.

우유부단한 성격은 누구에게나 치명적인 약점이다. 가장 큰 문제는 끈기가 부족하다는 점이다. 이렇게 우유부단하고 끈기가 부족한 사람은 자신감도 없고 판단 능력도 떨어진다. 한마디로 아주 나약한 정신 상태라고밖에 할 수 없다. 과감히 우유부단한 성격을 벗어던져야 강한 정신력을 기를 수 있다.

27

공상을 현실화하라

정신분석학자 프로이트는 인간의 공상을 '백일몽'이라고 정의했다. 그는 백일몽이란 "현실 속의 어떤 욕망이 현실에서 이루어지지 않았을 때 일련의 환상을 통해 정신적으로 이 욕망을 실현시키는 현상이다"라고 말했다. 이렇게 해서 사람들은 허무함 속에서 일시적으로 일종의 심리적인 안정감을 느낀다.

프로이트 이론의 키워드는 도피이다.

"지나친 공상의 세계에 빠진 사람은 대부분 도피성이 매우 강하다."

이 한마디만으로도 공상이 사람에게 얼마나 위협적인 것인지 알 수 있다. 다음의 이야기 역시 공상의 위험성을 생생하게 보여준다.

어느 여름날, 매사추세츠 주의 작은 지방에 사는 한 청년이 말년에 접어든 시인 에머슨을 찾아왔다. 젊은이는 자신을 시를 사랑하는 사람이라고 소개했다. 그는 자신이 일곱 살 때부터 시를 짓기 시작했는데 궁벽한 시골에 살다 보니 훌륭한 스승을 찾지 못했다고 말했다. 그리고 지금 에머슨의 명성을 흠모하여 천 리의 길을 마다하지 않고 가르침을 받기 위해 찾아왔노라고 했다.

청년은 비록 가난했지만 시인다운 고상한 말투와 비범한 풍모를 지니고 있었다. 두 사람은 서로 뜻이 잘 통해 격의 없는 대화를 나누었다. 에머슨은 청년이 아주 마음에 들었다. 청년은 몇 편의 시가 적힌 원고지를 남겨놓고 집으로 돌아갔다. 에머슨은 이 몇 편의 시에서 시골 청년의 무한한 문학적 재능을 발견했다. 그래서 문학계에서의 자신의 영향력을 이용해 이 청년을 키워보기로 했다.

에머슨은 우선 청년의 시를 문학 잡지에 발표했다. 그러나 생각만큼 큰 반향을 일으키지는 못했다. 하지만 에머슨은 계속해서 청년의 작품을 받아보기를 바랐고 이때부터 두 사람은 수시로 편지를 주고받기 시작했다. 청년은 편지를 쓸 때마다 할 말이 너무나 많았다. 청년은 편지를 쓰면서 갖가지 문학적 문제에 대한 자신의 생각을 남김없이 털어놓았다. 그 안에는 열정과 참신한 아이디어가 넘쳐흘러 그가 확실히 천재 시인임을 알 수 있게 해주었다. 에머슨은 청년의 재능에 감탄을 아끼지 않았고 친구들을 만나면 언제나 청년의 칭찬을 늘어놓기 바빴다. 이렇게 해서 청년의 명성이 문학계에 조금씩 알려지기 시작했다.

그런데 어느 날부터인가 청년은 더 이상 작품을 보내오지 않았다. 그의 편지는 여전히 장문이었고 그 안에는 뛰어난 아이디어가 샘솟고 있었지만 그는 어느새 유명 시인을 자처하고 있었고 말투는 날이 갈수록 거만해졌다. 에머슨은 청년의 편지를 읽으며 매우 불안했다. 에머슨은 오랜 인생 경험을 통해 청년의 심리를 짐작할 수 있었다. 그는 아주 위태로운 상황에 처해 있음이 분명했다. 편지 왕래는 계속 이어졌지만 에머슨의 반응은 점차 냉담해졌고 방관자가 되어버렸다.

어느덧 가을이 찾아왔다. 에머슨은 편지를 써 청년을 한 문학 모임에 초대했다. 청년은 날짜에 맞춰 도착했다. 에머슨의 서재에서 두 사람은 오랜만에 대화를 나누었다.

"요즘에는 왜 작품을 보내지 않나?"

"저는 지금 장편 서사시를 쓰고 있습니다."

"자네는 서정시에 아주 뛰어난 재능이 있는데 왜 그쪽으로 나가지 않는가?"

"자고로 위대한 시인들은 모두 장편 서사시를 써왔습니다. 그런 시시한 단편 시 따위가 무슨 의미가 있겠습니까?"

"그렇다면 자네는 지금까지 쓴 작품이 모두 시시하다고 생각하는가?"

"네, 맞습니다. 저는 대시인으로서, 그에 걸맞은 작품을 써야 합니다."

"어쩌면 자네 말이 맞을지도 모르겠군. 자네는 대단한 잠재력을 지니고 있으니 아마 가능할 걸세. 되도록 빨리 자네의 대작을 읽어보고 싶군."

"감사합니다. 이미 일부를 완성했으니, 곧 문단에 발표하겠습니다."

청년은 더 이상 에머슨이 아끼던 열정 넘치는 순수한 시인이 아니었다. 청년은 자기 자랑을 하느라 정신이 없었다. 청년은 만나는 사람마다 붙들고 자신이 아주 대단한 재능을 지닌 양 기세등등하게 자신의 대작에 대해 설명했다. 물론 그의 대작을 읽어본 사람은 아무도 없었다. 대작은커녕 에머슨의 추천으로 문예 잡지에 발표한 단편 시조차 읽어본 사람도 별로 없었다. 그러나 사람들은 이 청년이 대단한 시인이 될 것이라고 생각했다. 그렇지 않고서야 대작가 에머슨이 그렇게 입이 마르도록 칭찬할 이유가 없기 때문이다.

시간은 쉬지 않고 흘러 계절은 겨울의 문턱에 들어섰다.

청년은 에머슨에게 계속 편지를 보내왔지만 대작에 대해서는 전혀 언급이 없었다. 편지는 점점 짧아졌고 문투에서는 자신감이 사라졌다. 그러던 어느 날 청년은 결국 오랫동안 작품을 쓰지 못했다고 고백해왔다. 이전에 말했던 대작 같은 것은 사실 존재하지도 않았다. 모두 그의 공상에서 비롯된 거짓말이었던 것이다.

청년은 에머슨에게 보내는 편지에서 이렇게 고백했다.

'저는 아주 오래전부터 대작가가 되는 것이 꿈이었습니다. 주변 사람들은 모두 제가 재능 있는 훌륭한 시인이 될 거라고 말해주었고 어느새 저 자신도 그렇게 믿어 의심치 않았습니다. 제가 썼던 몇 편의 시가 운 좋게 선생님의 눈에 들었을 때, 저는 정말 기쁘고 영광스러웠습니다. 그러나 그와 동시에 견딜 수 없는 괴로움에 빠졌습니다. 그날 이후 저는 단 한 줄도 쓸 수 없었습니다. 왜 그랬는지 저도 잘 모르겠습니다. 저는 언제나 '나는 대시인이고 반드시 대작을 써야 한다'고 저 자신을 세뇌하였습니다. 늘 저 자신이 역사 속의 위대한 시인들과 어깨를 나란히 하는 상상을 하곤 했습니다. 물론 그 안에는 선생님도 포함되어 있었습니다. 그러나 현실로 돌아오면 저는 제 자신이 너무나 초라하고 경멸스러웠습니다. 그동안 저는 재능과 시간만 낭비했습니다. 그러나 다시 상상 속으로 들어가면 저는 이미 전 세계가 인정하는 대작을 써낸 위대한 시인이었습니다. 존경하는 선생님, 부디 이 무모하고 무식한 촌놈을 용서해주십시오.'

이 편지를 마지막으로 청년은 더 이상 에머슨에게 편지를 보내오지 않았다.

공상은 긍정적인 효과와 부정적인 효과를 동시에 갖고 있다. 공상은 망상이나 억측을 낳아 한 인간을 파멸의 길로 이끌 수도 있다. 반면에 풍부한 감성과 창조력이 포함된 환상이나 상상력은 성공을 이끌어낸다.

스페인의 위대한 초현실주의 화가 달리는 머릿속이 온갖 공상으로 가득 차 있는 사람이다. 한번은 그가 머리 꼭대기에 왕새우를 얹고 괴상한 모습으로 파티에 참석하여 사람들을 놀라게 했다. 그의 작품은 모두 황당무계한 공상에서 출발한 추상화이다. 공상은 이렇게 달리를 세계에서 가장 위대한 화가 중 한 명으로 만들었다.

에머슨은 우리에게 이렇게 경고한다. "젊은 시절, 공상이나 환상에 빠져보지 않은 사람은 아무도 없다. 황당하고 비현실적인 생각은 곧 젊음의 상징이기도 하다. 그러나 젊은이여! 우리 인생은 끊임없이 발전하고 성장해야 한다. 이렇게 넓고 아름다운 세상에서 젊은 그대들에게 필요한 것은 환상의 날개만이 아니다. 그보다 더 중요한 것은 안정적이고 튼튼한 두 다리이다." 이 점을 반드시 기억하라. 늘 환상 속에서만 살지 말고 착실하게 노력하는 자세를 갖추어야 한다.

Wanting to be someone else is a waste of the person you are.

다른 누군가가 되기를 원하는 것은 자신을 버리는 것이다.

28

용기를 트레이닝하라

자기 안에 두려움이 없는 사람은 외부의 두려움도 스스로 없앨 수 있기 때문에 지금까지 어느 누구도 하지 못했던 새로운 일에 도전할 수 있다.

한 텔레비전 프로그램에서 진행자가 "많은 사람 앞에서 자신의 의견을 발표할 수 있도록 격려해주는 것 외에 타인의 용기를 키워줄 방법으로 뭐가 있을까요?"라고 질문했다. 질문을 받은 심리학 박사가 대답했다.

"물론 여러 가지 방법이 있겠습니다만 절대적 원칙이 하나 있습니다. 용기는 절대 돈을 주고 살 수 없다는 것입니다. 진정한 용기를 키우는 것은 튼튼하고 멋진 팔 근육을 키우는 과정과 같습니다. 당신이 록펠러나 헨리 포드처럼 엄청난 재산을 가지고 있어도 헬스클럽에 가서 '튼튼하고 멋진 팔 근육 하나 주시오'라고 할 수는 없습니다. 대신 장작을 패거나 샌드백을 치는 등 꾸준히 단련해야 튼튼하고 멋진 팔 근육을 키울 수 있습니다. 원리는 같습니다. 당신이 최대한 많이 용기를 이용해야만 더 큰 용기를 키울 수 있습니다."

그동안 두려워서 차마 시도하지 못했던 일이 있었다면 지금 당장 시작하라. 미국의 사상가 에머슨은 이렇게 말했다.

"당신이 두려워했던 일을 지금 시작하라. 두려움은 충분히 극복할 수 있지만 당신이 그 자리에 눌러앉아 아무런 시도도 하지 않는다면 영원히 용기를 기를 수 없다."

예를 들어, 감히 두려워 찾아가지 못하고 있는 사람이 있다면 내일 당장 찾아가라. 작은 것에서부터 시작해 두려웠던 일들을 하나하나 행동으로 옮겨보라. 어쩌면 그 사람의 집 앞 혹은 사무실 앞에서 또다시 한참 동안 망설일지 모른다. 그러나 용기를 내어 들어가보면 생각했던 것만큼 심각한 상황이 아니라는 사실을 알게 될 것이다.

평범한 가정주부 메드는 마음속에 보이지 않는 두꺼운 벽을 쌓아놓았다. 그녀 자신과 외부 세계를 차단하고 있는 이 벽은 오랫동안 어느 누구도 깨뜨리지 못했다.

지난 5년 동안 그녀는 스스로 원해서 밖에 나가본 적이 단 한 번도 없었다. 채소 장수가 대문을 두드리면 그녀는 어쩔 수 없이 밖에 나가 채소를 산다. 그녀는 집안 살림에 필요한 물건을 대부분 전화로 주문을 하고 전화 주문이 안 되는 물건은 남편에게 사 오게 했다. 한번은 페인트공을 불러서 담을 새로 칠했는데, 메드는 밖에 나가 페인트공과 이야기하는 것이 싫어서 집 안에서 꼼짝 않고 있었다. 나중에 나가 보니 담에 칠해진 페인트 색깔은 그녀가 원한 것이 아니었다.

　어느 날 저녁 메드의 남편은 온갖 수단과 방법을 다 동원해 아내를 설득하여 카네기 교육 프로그램에 참가하게 만들었다. 메드는 처음부터 운 좋게 장학생으로 뽑혔다. 장학증서를 받으러 시상식장에 나간 메드는 사회자가 세 번이나 호명한 후에야 남편에게 떠밀려서 앞으로 나갔다. 장학증서를 받으면서 그녀는 심하게 떨었다.

　그렇게 메드는 카네기 교육 프로그램에 참가하게 되었다. 본격적인 수업이 시작되자 그녀의 긴장은 최고조에 달했다. 메드는 첫날 수업을 마치고 집에 돌아와 밤새도록 한숨도 못 자고 온몸을 덜덜 떨었다. 그러나 셋째 날이 되자 메드는 자신이 카네기 교육 프로그램에 참가하게 된 일이 그녀 인생에서 가장 흥분되고 즐거운 일이라는 사실을 깨달았다. 메드는 프로그램에 참가한 이후 스스로 쌓아놓은 마음의 벽을 허물고 세상 밖으로 나갈 수 있었다. 이때부터 그녀의 삶에 모험과 도전이 시작되었다.

　메드는 프로그램을 수료한 후 다시 이 교육 과정의 조교가 되어 제2의 인생을 시작했다. 한 남아프리카 방송국에서 메드에게 〈주부생활〉이라는 프로그램에 출연해줄 것을 요청해오기도 했다. 메드는 방송에 출연하여 자신의 이야기를 있는 그대로 진솔하게 털어놓았다. 그녀는 스스로 자신의 경험을 기적이라고 말했다.

　카네기 교육 프로그램이 만들어낸 또 하나의 기적이 있다. 지금은 은퇴해서 편안한 노후를 보내고 있는 빌은 예전에 애리조나 주에 있는 한 건축회사의 간부였다. 그는 수천만 달러가 왔다 갔다 하는 대규모 프로젝트는 능수능란하게 처리했지만, 사람들 앞에만 서면 아주 간단한 공문서나 메모조차 제대로 읽지 못했다. 너무 긴장한 나머지 종이를 들고 있는 손이 덜덜 떨려 뭐라고 써 있는지 알아볼 수조차 없을 정도였다.

지난 몇 년 간, 빌의 회사에서는 해마다 크리스마스 파티를 열었는데, 그때마다 빌은 사람을 고용해서 자기 대신 연설문을 낭독하게 했다. 그러나 카네기 교육 프로그램을 수료한 후 빌은 크리스마스 행사 연설문을 스스로 낭독했고, 회사 내 각종 회의와 전미 건축협회에서 주관하는 회의의 주요 연설자가 되었다.

대중 앞에서 연설하면서 실수를 하거나 혹은 너무 떨려서 겨우 한 마디밖에 못했더라도 이것은 충분히 칭찬할 만한 일이다. 이 사람은 분명 천 명 중 용기 있는 단 한 사람만이 할 수 있는 일을 해냈기 때문이다. 또한 세상에서 가장 중요한 사람, 즉 자기 자신을 변화하게 만드는 데 성공했기 때문이다.

용기를 기르기 위해서는 먼저 자신이 두려움 앞에서 어떻게 생각하고 행동하는지 분석해보아야 한다. "인생은 그 사람의 생각이 만들어가는 그 무엇이다"라는 마르쿠스 아우렐리우스(고대 로마의 황제이자 위대한 철학자)의 말은 곧 생각이 그 사람의 행동을 지배할 수 있다는 의미이다.

가난한 집안에서 태어난 양은 오직 자신의 힘으로 자수성가하였다. 그는 미국에서 가장 성공한 보험 영업 사원이며 전 세계에서 가장 많은 수입을 올린 인물이다. 그는 다섯 권의 책을 냈는데, 그중 네 권이 베스트셀러가 되었다.

Courage is resistance to fear, mastery of fear - not absence of fear.

용기란 두려움이 없는 게 아니라 두려움에 맞서 저항하고 정복하는 것이다.

양은 어린 시절 너무 가난하여 학교에도 다니지 못했다. 그는 지난날, 초라한 여관 안에서 창밖을 바라보다 뛰어내리고 싶은 충동을 느꼈다고 말했다.

"나는 취하도록 위스키를 마시고, 용기를 내어 창문에서 뛰어내리려고 했습니다. 그러나 너무 취해서 창에서 뛰어내릴 정신조차 없었지요. 다음 날 술에서 깨어나니, 내 모습은 더욱 비참했습니다."

이때 양은 자신의 생활을 다시 한 번 되돌아보고 분석했다. 그리고 자신의 발전을 위해 잘못되었다 싶은 것들, 쓸모없는 것들은 과감히 버렸다. 또한 자신에게 도움이 되는 것들을 취하기 위해 최대한 노력했다.

만약 당신이 아이스크림 공장을 만들었는데, 어쩌다 보니 엉뚱하게 탄산수가 만들어졌다면 어떻게 하겠는가? 당신이 상상으로 만들어낸 이 공장은 당신의 마음속에 존재한다. 그 공장은 당신 것이고 당신 마음대로 운영할 수 있다. 당신은 이 공장을 정말 잘 운영할 수 있겠는가? 어쩌면 잘못 운영하여 온갖 쓸모없는 걱정, 두려움, 시기, 분노, 열등감, 비애, 불쾌감, 빈곤 등을 만들어낼지도 모른다. 그러나 당신뿐만 아니라 이 세상 어느 누구도 이런 쓰레기를 원치 않는다.

모든 분석을 통해 누가 나의 적인지, 누가 나의 친구인지 확실해졌다면 생각을 바꾸어라. 생각을 바꾸기만 하면 삶은 당장 변한다. 성경에서도 '네가 생각하는 대로 세상이 변할 것이다'라고 하지 않았는가!

콩 심은 데 콩 나고 팥 심은 데 팥 난다. 누구든 자신이 생각하는 대로 삶을 바꿀 수 있다. 당신이 두려움을 극복하고 과감히 행동하고, 주저하거나 나약한 모습을 보이지 않는다면 당신은 분명 성공에 한 걸음 가까이 다가선 것이다.

29

나약함을 벗고 성공을 입어라

나약함은 성공의 가장 큰 장애물 중 하나이다.

어떤 일을 하든지 두려움은 아무 도움이 되지 않는다. 예를 들어 판매 사원이 손님에게 그 매장에서 팔고 있는 상품의 장점을 설명하지 못해 당황하거나 그 상품의 기본적인 특징조차 말하지 못한다면 어떻게 되겠는가? 그 사람이 과연 물건을 팔 수 있을까? 또한 손님은 과연 그 매장에서 물건을 살까?

학창 시절 두려움 때문에 성적 부진을 면치 못한 사람도 많을 것이다. 당신의 학창 시절을 떠올려보라. 공부를 하다가 어려운 문제에 부딪혔을 때 당신은 어떻게 행동했는가? 혹시 혼자서 전전긍긍하지 않았는가? 홀로 아무리 고민해도 답을 찾을 수 없었을 경우에는 어떻게 했는가? 혹은 방법은 찾았지만 근본적으로 자신이 해결할 수 없을 때는 어떻게 했는가? 이런 경우 선생님 혹은 다른 친구들에게 도움을 요청해본 적이 있는가? 대부분의 사람은 자신의 나약함을 인정할 수 없어 감히 다른 사람에게 도움을 요청하지 못한다. 결국 문제를 해결하지 못하고 학업 성적은 나아지지 않았을 것이다.

정치계 인사라면 더더욱 나약함을 경계해야 한다. 이들은 수시로 무대에 올라 연설을 하고 많은 사람 앞에서 자기주장을 펼쳐야 하기 때문이다. 두려움 때문에 감히 무대에 오르지도 못하고 자신의 생각을 표현하지 못한다면 어떻게 정치를 할 수 있겠는가? 나약함을 이겨내지 못하면 절대 지도자나 간부가 될 수 없다. 자고로 위대한 인물 중 나약한 사람은 없었다. 나약함은 성공을 가로막는 가장 큰 걸림돌이다.

그렇다면 어떻게 해야 나약함을 이겨낼 수 있을까?

미국의 심리학자 메디슨은 다음과 같이 설명했다.

"이상심리 중 가장 뿌리 뽑기 힘든 것이 바로 나약함이다. 나약함은 아주 여러 겹의 방어벽으로 둘러싸여 있다. 그 벽의 두께가 두꺼울수록 상황은 더욱 심각해진다. 나약함을 둘러싼 방어벽에는 여러 종류가 있다. 놀람, 진해(震駭), 몸을 떨며 놀람처럼 겉으로 드러나는 것과 공포, 불안과 같은 심리적인 것으로 나뉜다."

세계적인 심리학자 오웰은 나약함의 원인에 대해 "심각한 자신감 부족 때문에 생긴다"라고 말했다.

나약한 사람은 어디에서나 쉽게 찾아볼 수 있다. 특별한 포부도 목적도 없이 되는 대로 하루하루 살아가는 사람, 굴욕적인 일을 당해도 별 반응 없이 그냥 참고 넘어가는 사람들 말이다. 이들은 자신의 상황에 대해 불평하지 않고 세상을 원망하지도 않는다.

마흔을 넘긴 한 중년 남자가 있었다. 그는 40년 동안 살면서 한 번도 언성을 높여 크게 소리쳐본 적이 없다. 이 남자는 잘 모르는 사람을 만나거나 생각지 못한 일이 생기면 곧바로 얼굴부터 빨개졌다. 마치 세상 물정 모르는 어린아이나 얼뜨기처럼 보였다.

남자는 40년 동안 이렇게 세상 앞에 위축되어 있었다. 남자의 아내는 "다행히 40년 동안 별일이 없었기에 망정이지 만약 특별한 일이라도 있었으면 어쩔 뻔했어요?"라고 말하곤 했다. 그러나 남자는 이렇게 비난을 받으면서도 그냥 웃어넘겼다. 그러나 40년 동안 살면서 아무 일도 일어나지 않을 수는 없다. 이 남자는 그동안 결혼을 하고, 아이를 낳고, 직장생활을 해왔다. 특히 직장생활을 하는 동안에는 언제나 이런저런 크고 작은 일에 부딪혔다.

그렇다면 이 남자는 이런 일들을 어떻게 해결해왔을까?

먼저 직장생활을 살펴보자. 남자는 한 국영기업에서 경리 업무를 담당하고 있다. 이 회사는 벌써 수년 째 영업 손실이 쌓이고 있었다. 정부 보조금으로 간신히 파산을 면하고 있는 실정이었다. 그래서 남자는 정해진 월급 외에 보너스 같은 것은 꿈도 꾸지 못했다. 비록 월급은 적었지만 해고당할 염려가 없었기에 남자는 스무 살 때부터 늘 같은 모습으로 20년 넘게 일해왔다.

남자는 스물네 살 되던 해에 결혼을 했다. 동년배 친구와 직장 동료들이 하나둘 결혼을 하고 아이를 낳는 모습을 보면서 남자는 자신만 혼자라는 사실에 조금 조급해졌다. 그러나 그것도 잠시, 남자는 금세 다시 무덤덤해졌다. 남자는 특별히 독신주의를 고집하는 것은 아니었지만 도저히 여자를 마주할 용기가 나지 않았다. 여자를 보기만 해도 얼굴이 빨개졌고 여자 앞에서는 말 한 마디도 제대로 하지 못했다. 설사 꿈에 그리던 이상형을 발견해도 남자에게는 그림의 떡일 뿐이었다. 결혼은 꿈도 꿀 수 없었다.

남자가 무덤덤해지자 그의 부모는 더욱 애가 탔다. 남자는 어느새 서른 살이 되었다. 남자의 부모는 여기저기 주변 사람들에게 부탁해서 드디어 농촌 출신의 한 아가씨를 아들에게 소개해주었다. 여자는 평범한 직장인이었는데 아주 귀엽고 생기발랄했다. 이렇게 예쁘고 활달한 여자라면 주변 남자들에게 인기도 많을 것이었다. 절대 이 남자처럼 목석같고 말주변도 없는 나약한 남자는 처다보지도 않을 것이었다.

그러나 이 여자는 도시인이 되고 싶었고 그러기 위해서는 도시 남자와 결혼해서 도시 호적을 취득해야 했다. 여자는 남자가 무능하다는 것을 알았지만 도시 사람이었기에 놓칠 수 없었다. 남자는 도시에 집이 있었으니, 그와 결혼하면 여자는 도시 호적을 취득할 수 있었다. 남자의 부모는 집이 세 채 있었는데, 남자는 그중 한곳에 살고 있었다. 결국 나중에는 세 채 모두 그들 집이 되지 않겠는가? 집만 있으면 도시 호적 걱정은 하지 않아도 된다. 그래서 이 아름다운 여자는 무능한 남자와 결혼했다.

두 사람은 결혼 후 바로 아이도 낳았다. 아이가 태어난 후 남자의 인생에는 아무 일도 없었을까? 사람들 앞에서 금방 얼굴이 빨개지고 제대로 말도 하지 못하는 남자가 어떻게 사회생활을 하고 아이들을 키울 수 있었을까?

The only courage that matters is the kind that gets you from one moment to the next.

단 하나의 중요한 용기는 당신을 한순간에서
다음 순간으로 나아가게 하는 용기이다.

아이를 키우는 일은 남자에게 결코 쉬운 일이 아니었다. 우선 아이를 어린이집에 맡기려면 외부 사람과 교류해야 한다. 특히 아이가 어린이집에서 특별한 보살핌을 받을 수 있게 하려면 보육교사들에게 선물을 주면서 특별히 부탁해야 했다. 이런 일은 이 나약한 남자에게는 죽기보다 어려운 일이었다. 평소에 아는 사람들과 얘기할 때도 수시로 얼굴이 빨갛게 달아오르곤 했는데 잘 알지도 못하는 보육교사를 찾아가 이야기해야 한다니, 정말 눈앞이 깜깜했다. 그러나 다행히 아내가 잠시 휴직하고 직접 아이를 돌보기로 해서 일단 이 문제는 해결되었다. 물론 아내가 휴직을 해서 수입이 줄긴 했지만 남자는 큰 짐을 던 기분이었다.

그러나 문제는 여기에서 그치지 않았다.

아이는 무럭무럭 자라 어느새 유치원에 갈 나이가 되었다. 어떤 유치원을 보내야 좋을까? 당연히 유명한 유치원에 보내면 좋겠지만 평범한 가정에서 여간 부담스러운 일이 아니었다. 어쩔 수 없이 아이를 일반 유치원에 보내기로 했다. 그러나 남자의 직장에는 부설 유치원이 없었다. 이런 경우 다른 직장의 부설 유치원에 보내야 하는데, 이 경우 청탁은 선택이 아니라 필수였다.

"청탁을 하려면 선물을 싸들고 생전 처음 보는 사람을 찾아가 부탁을 해야 하는데, 이를 어쩐다? 아이를 유치원에 안 보내면 안 될까?"

"그건 말도 안 돼요!"

아내는 남자의 생각을 단호하게 잘라버렸다. 아무리 기다려도 남편이 행동할 기미를 보이지 않자 여자는 어쩔 수 없이 자신이 나서야겠다고 생각했다. 여자는 선물을 들고 유치원에 찾아가 아이를 부탁했다.

유치원 다음에는 초등학교다. '어떤 초등학교를 보내야 할까?'는 여전히 문젯거리였다. 남자는 초등학교를 어디를 보내든지 별 상관없었다. 이 부분에 대해서는 여자도 다른 의견이 없었기 때문에 그냥 집에서 가까운 초등학교에 보내기로 했다. 그러나 문제는 초등학교에 들어간 후였다. 아이는 걸핏하면 친구들과 싸우거나 말썽을 피웠고, 성적이 좋지 않아 늘 선생님께 혼나곤 했다.

아내는 20년 동안 끊임없이 남편의 무능력과 나약함을 비난했다. 남자는 아내 앞에서조차 말 한 마디 제대로 하지 못했다. 이들 부부는 이렇게 몇십 년을 살았다. 그리고 앞으로도 이렇게 살아갈 것이다. 남자는 정말 무능력했고, 그의 나약함은 평생 아무 일도 할 수 없게 만들 것이었다.

성공하기 위해 갖추어야 할 기본 조건 중 하나가 바로 용기이다. 나약하고 용기 없는 사람은 어떤 일도 제대로 할 수 없다. 사회적으로든 개인적으로든 성공한 인생을 살고 싶다면 먼저 나약함을 극복하라.

30
공허한 꿈에서 깨어나라

　이상에 대한 견해는 사람들마다 모두 다르다. 어떤 사람들은 환상에 빠지지 않고 현실을 직시하는 것이 중요하다고 말한다. 어떤 사람은 꿈을 사랑하는 사람은 근본적으로 현실사회에 적응할 수 없다고 말한다.

　이상과 꿈의 진정한 가치를 실현하기 위해 우리는 실현 가능한 이상과 망상을 구별할 수 있어야 한다. 또한 일단 이상을 세운 후에는 반드시 이상을 실현하려는 강인한 의지와 결심이 뒤따라야 한다. 그래야 이상과 현실 사이에서 방황하지 않고 자신이 꿈꾸는 이상을 실현해낼 수 있다.

　늦가을 어느 날, 하루 종일 쌀 한 톨도 구걸하지 못한 거지가 길모퉁이로 걸어가고 있었다. 거지는 담벼락에 기대어 앉아 스르르 잠이 들었다.

　거지는 꿈을 꾸었다. 갑자기 큰돈이 생겼고, 그 돈으로 사업을 시작했다. 그리고 정원이 딸린 저택을 사고 아름다운 아가씨와 결혼했다. 그는 아들 셋을 낳았는데, 아들들은 자라서 한 명은 훌륭한 과학자가 되었고, 나머지는 각각 국회의원과 장군이 되었다. 아들들이 결혼을 하고 곧 귀여운 손자가 태어났다. 얼마 후 그는 세계적으로 손꼽히는 부자가 되었고, 그의 삶은 아주 평화로웠다. 그는 종종 아내와 손자들을 데리고 시내에서 가장 높은 전망대에 올라가 아름다운 풍경을 바라보곤 했다. 그러던 어느 날 그가 막둥이 손자를 안고 전망대에 올라 저녁노을을 보고 있었는데 어찌된 일인지 갑자기 전망대 아래로 곤두박질쳤다.

그 순간 거지는 잠에서 깨어나 눈을 뜨고 주변을 둘러보았다. 그는 여전히 차가운 땅바닥에 누워 있었고 그 모든 것은 꿈이었다. 뱃속에서는 끊임없이 꼬르륵 하는 소리가 들려왔다. 지금 가장 중요한 것은 먹을거리를 찾아 그것으로 배를 채우는 일이었다.

인간에게 이상이 없었다면 미국인은 아직까지 대서양 한구석에서 자기들끼리 싸우고 있을지 모른다. 이상이 없었다면 인간은 아직까지 까치발을 딛은 채 하늘을 나는 새들을 부러워하고 있을지 모른다. 꿈속에 보는 물건이 더 아름답겠지만 현실 속의 물건이야말로 진짜다. 하루 종일 꿈속에 빠져 지내지 말라. 괴롭고 힘들더라도 끊임없이 노력하는 사람만이 자신이 꿈꾸는 이상을 실현할 수 있다.

31
좋은 습관은 살리고, 나쁜 습관은 죽여라

소크라테스는 말했다.

"좋은 습관은 최고급 옷과 같다. 사람들은 최고급 옷을 입은 이에게 더 예의를 갖추게 마련이다. 그러나 나쁜 습관은 우리의 커다란 적이다. 나쁜 습관은 우리를 난감하고 부끄럽게 만들고 더 나아가 건강을 해치게 하거나 인생을 실패하게 만들기도 한다."

'집안을 다스리지 못하면서 어떻게 천하를 다스리겠는가?'라는 옛말이 있다. 이것은 작은 일에서부터 최선을 다해야 한다는 뜻이다. 나쁜 습관을 버리고 좋은 습관을 기르는 것 또한 아주 작은 것에서부터 시작해야 한다.

모든 습관은 타고나는 것이 아니라, 후천적으로 천천히 몸에 배어 굳어진 것이다. 이 중에는 일상생활에 별 영향을 끼치지 않지만 오랫동안 거대한 힘을 축적해 결국 인생을 망치는 나쁜 습관들이 있다.

습관은 내부의 어떤 힘이 외부 자극과 만나 오랜 기간 반복되면서 만들어진 행동이다. 처음에는 그것을 자기 행동의 일부로 인식하지만 습관이 되어 무의식적으로 행동하기 시작하면 그 존재 자체를 인식하지 못하게 된다. 습관의 힘이 무서운 이유는 이처럼 스스로 인식할 수 없다는 데 있다. 습관은 대부분 아주 사소한 행동이 오랫동안 쌓여 만들어진다. 그 때문에 그 힘을 절대 무시해서는 안 된다. 요컨대 좋은 습관이라면 당연히 지켜야겠지만 나쁜 습관은 최대한 빨리 없애버려야 한다.

사람들의 모든 감정 표현과 행동은 95퍼센트 이상이 습관성이라고 한다. 예를 들어 피아니스트가 건반을 누르고 발레리나가 발을 옮기는 행동 등도 모두 습관적인 행동에 속한다. 이런 행동은 모두 생각이 필요 없는 무조건반사이다. 이런 과정은 행동뿐만 아니라 인간의 모든 감정과 신념에도 똑같이 적용된다.

사람은 언제라도 새로운 습관을 만들 수 있다. 깊이 생각하고 철저한 분석을 통해 자신이 정한 행동을 끊임없이 반복하면 새로운 행동양식을 만들어낼 수 있다. 예를 들어, 피아니스트가 지금까지 습관적으로 해왔던 연주 방식을 바꾸기 위해 심사숙고하여 다른 건반을 누르기로 결정하거나 발레리나가 새로운 안무를 만들어내기 위해 새로운 발동작을 만들어내는 것처럼 말이다.

일단 새로운 방식을 생각해내는 것 자체는 그다지 힘든 일이 아니다. 문제는 이 생각을 새로운 행동양식으로 만들기 위해서는 끊임없이 반복, 연습해야 한다는 것이다.

그렇다면 우리는 어떤 나쁜 습관을 갖고 있을까?

먼저 사고 과정 중에 나타나는 나쁜 습관을 살펴보자. 어떤 일이든 성

Nothing is stronger than habit.

습관보다 강한 것은 없다.

공하려면 깊고 세밀하게 생각하여 빈틈없는 계획을 세워야 한다. 그러나 실패자 대부분은 대충 겉모습만 훑어보고 작고 사소한 부분을 소홀히 지나치는 나쁜 습관이 있다. 또한 미리 계획을 세우면서 지나치게 단점에 집착하는 것도 나쁜 습관 중 하나이다.

다음은 실행에 들어간 후에 나타나는 나쁜 습관이다. 실패자들은 보통 자기가 하고 싶은 일 혹은 쉽게 할 수 있는 일만 하려 하고 나머지는 대강 얼버무리는 경향이 있다. 혹은 지금의 행동방식이 분명 잘못된 것임을 알면서도 고집스럽게 자기 뜻을 굽히지 않는다.

이번에는 일상 속의 나쁜 습관을 살펴보자. 습관적으로 시간 약속을 어기고, 담배를 피우고, 과음을 하고, 폭식을 하고, 주변 위생환경에 신경 쓰지 않고, 규범을 어기거나 무질서하게 행동하는 것 등이다.

마지막으로 인간관계에서 나타나는 나쁜 습관이다. 신용을 지키지 않고, 항상 다른 사람이 무언가를 해주기만 바라고, 자신은 타인에게 아무것도 베풀지 않으며, 문제가 생기면 변명하기 바쁘고, 잘못되면 남에게 책임을 전가하고, 잘되면 자기 공을 내세우는 행동 등이다.

솔로몬 왕은 말했다.

"모든 일은 아주 작고 사소한 것에서 시작된다. 작은 일에 소홀한 사람은 반드시 큰 곤경에 빠진다."

평소 경솔한 태도가 습관이 되었다면 언젠가 분명히 큰 실수를 저지르게 된다. 예를 들어 당신의 실수로 회사에 큰 손실이 생겼다면 지금까지 당신이 회사를 위해 기울여온 노력은 모두 물거품이 된다. 심지어 이 실수가 당신의 사회 경력에 큰 오점이 되어 향후 사회생활이 힘들어질 수도 있다. 평소 작은 일에서부터 주의를 기울이지 않으면 언제 어디서 인생의 위기가 닥칠지 모른다.

문제는 이런 사실을 잘 알고 있는 사람들도 나쁜 습관 고치기를 주저한다는 것이다. 사람들은 의례적으로 나쁜 습관을 고치는 일은 아주 힘들거나 거의 불가능하다고 여긴다.

물론 나쁜 습관을 고치는 것이 쉽지 않다. 습관을 고친다고 하면 사람들은 지금까지 자신에게 익숙했던 생각이나 느낌을 모두 버려야 한다고 생각한다. 그래서 그것이 자신에게 유해한 습관이라는 것을 알면서도 본능적으로 거부감을 느끼는 것이다.

또한 나쁜 습관을 고치는 일은 하루아침에 해결할 수 있는 일이 아니다. 이것은 그것이 습관이 될 때와 마찬가지로 아주 천천히 오랫동안 점진적인 과정을 거쳐야 한다. 짧은 시간 안에 나쁜 습관을 고쳤다고 하는 사람들은 오히려 더 큰 난관에 봉착할 확률이 크다. 단번에 너무 많은 변화를 시도하려다 보면 한 가지에만 집중할 수 없다. 이렇게 정신력이 분산되면 오히려 나쁜 습관을 고치려는 의지와 힘을 완전히 잃어버릴 수도 있다. 나쁜 습관을 고치는 일은 성공을 향한 첫걸음을 내딛는 일이다. 시도 자체만으로도 크게 칭찬하고 축하할 일이다.

나쁜 습관을 고치는 첫 단계에서는 누구에게나 큰 고통이 따른다. 습관이란, 열차가 레일 위를 달리는 것처럼 정해진 길 외에 다른 길을 가는 방법은 생각조차 할 수 없는 일이다. 처음부터 너무 욕심 부리지 말고 아주 작은 것, 비교적 쉬운 것부터 고치기를 시작하자. 작은 시도에서 성공을 거두었다면 이번에는 조금 더 어려운 것에 도전해보자.

이렇게 하나씩 문제를 해결하다 보면 자신감을 얻게 되고 더 큰 문제를 해결할 수 있다. 이런 과정을 나쁜 습관을 고친다고 생각하지 말고 '나쁜 습관을 고치는 습관'을 만든다고 생각하면 조금 더 쉽게 접근할 수 있을 것이다. 어떤 습관이든 몸에 익기 시작하면 가속도가 붙게 마련이다. 마치 브레이크 없는 기차처럼 아주 빠르게 목표를 향해 달려갈 수 있다.

사람은 누구나 작은 일에 만족하지 못하고 큰일을 하고 싶어 한다. 하지만 그들의 바람과는 다르게 큰일에 성공하는 사람은 아주 극소수이다. 보통의 평범한 사람들이 크게 성공하지 못하는 이유는 천하를 다스리려는 꿈만 꿀 뿐 천하를 다스리는 일이 집안을 다스리는 일에서 시작된다는 사실을 깨닫지 못하기 때문이다. 여기에서 집안을 다스린다는 말은 곧 자신의 습관과 행동을 바르게 해야 한다는 의미이다.

모든 습관은 일상 속의 작고 사소한 일에서 만들어진다. 따라서 평소 개인생활에 문제가 없는 사람이 사회적으로 큰일에서도 성공할 수 있다. 처음부터 거대하고 위대한 것은 없다. 티끌 모아 태산이 되는 것처럼 작은 좋은 습관이 모여 큰 성공을 만든다. 반대로 나쁜 습관은 아무리 작은 것이라도 큰 화를 불러일으킬 수 있다.

그렇다면 어떻게 해야 자신의 나쁜 습관을 정확히 파악할 수 있을까? 먼저 종이와 펜을 준비하라. 아주 작고 사소한 문제부터 인간답게 행동할 방법 같은 철학적인 문제까지, 일상생활에서부터 사회생활까지 생각나는 나쁜 습관을 모두 적어보라. 그리고 그 내용들이 과연 현실 속에서 얼마나 나에게 영향을 주고 있는지 확인해보자.

예를 들면, 당신이 일할 때 시간을 질질 끌거나 혹은 대충대충 넘어가고 중도에 포기하는 습관이 있다고 해보자. 그렇다면 실제로 현실 속에서 당신은 스스로를 어떻게 평가하고 있는가? 자신이 항상 제대로 하는 일이 없는 무능력한 인간이라고 생각하는가, 아니면 자신이 그럭저럭 남들만큼 일 처리를 하고 있다고 생각하는가?

남이 자신에게 무언가 해주기만 바라면서 자신은 남에게 아무것도 베풀지 않는 습관, 핑계와 변명을 일삼는 습관, 스스로 공을 자처하는 습관이 있다고 적은 사람이 있다. 이 사람은 과연 주변 친구들이 하나둘 자신 곁을 떠나가거나, 이런 습관 때문에 직장을 잃었다는 사실을 인지하고 있을까? 자신이 골초에다 과음하는 습관이 있다고 적은 사람은 자신의 몸에 생긴 이상을 자각하고 있을까?

두 번째 방법은 나를 평가하는 주변 사람들의 말에 귀를 기울이는 것이다. 제삼자는 냉철한 시각으로 당사자가 미처 발견하지 못하는 부분을 찾아내고 객관적으로 판단할 수 있다. 다른 사람의 평가가 곧 자신을 비추는 거울이라는 사실을 인정해야 한다. 다른 사람이 보는 내 모습은 대부분 나 스스로 발견할 수 없는 것이거나 혹은 스스로 부정하는 것일 때가 많다. 주변 사람의 평가에 귀 기울일 수 있는 사람은 훨씬 쉽게 자신의 나쁜 습관을 고칠 수 있다.

카네기는 습관에 대해 다음과 같이 말했다.

"긴장 혹은 편안한 감정도 모두 일종의 습관이다. 누구나 나쁜 습관을 버리고 좋은 습관을 가질 수 있다."

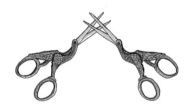

좋은 습관은 성공을 만들지만 나쁜 습관은 인생을 망친다. 셰익스피어는 "습관은 가장 훌륭한 하인이 되지 못하면 가장 악덕한 주인이 된다"라고 말했다. 당신은 자신의 습관이 하인이 되기를 바라는가, 주인이 되기를 바라는가?

32
나쁜 습관의 노예가 되지 말라

"좋은 습관은 불패신화를 만들고, 나쁜 습관은 성공의 옥좌에 앉아 있는 사람을 바닥으로 끌어내릴 수 있다."

이것은 미국의 성공 철학자 나폴레옹 힐이 극찬한 폴 게티의 명언이다.

폴 게티는 본래 아주 심한 골초였다. 그가 프랑스에서 작은 호텔에 머물고 있을 때의 일이다. 그날 밤 큰비가 와서 땅이 아주 미끄러운 데다 장시간 운전을 한 탓에 게티는 매우 피곤했다. 그는 호텔에서 저녁을 먹자마자 방으로 들어가 잠을 잤다.

한밤중에 잠이 깨자 게티는 담배 생각이 간절했다. 그는 불을 켜고 자연스럽게 손을 뻗어 늘 침대 머리맡에 놓아두던 담뱃갑을 집었으나 담배가 없었다. 게티는 황급히 침대를 빠져나와 옷 주머니며 여행 가방을 샅샅이 뒤졌지만 어디에도 담배는 없었다. 이미 호텔 바나 식당도 문을 닫았을 시간이었고 보이를 부르기에도 불가능한 시간이었다.

그가 담배를 손에 넣으려면 옷을 갈아입고 기차역까지 가는 방법밖에 없었다. 호텔에서 기차역까지는 여섯 구역이나 지나가야 했다. 게다가 밖은 아직도 비가 많이 내리고 있었고 그의 차는 호텔에서 좀 떨어진 주차장에 세워져 있었다. 게티는 체크인할 때 자정부터 새벽 여섯 시까지 주차장 문을 잠가둔다고 안내받았던 것이 기억났다. 택시를 부르자니 아무리 생각해도 이런 날씨, 이런 시간에 여기까지 올 택시는 없었다.

간절한 담배 생각이 계속해서 그를 괴롭혔다. 결국 게티는 기차역까지 걸어가기로 결심했다. 옷을 갈아입고 막 우의를 집으려고 손을 뻗다가 게티는 갑자기 웃음이 터졌다. 자신의 행동이 너무나 우습고 황당무계하다는 생각이 든 것이다.

게티는 그 자리에 서서 곰곰이 생각해보았다. 소위 지식인을 자처하는 대기업의 오너로서 항상 다른 사람에게 날카로운 지적과 정확한 명령을 해왔다고 자부하던 자신 아닌가! 그런데 이렇게 큰비가 내리는 야심한 시각에 안락한 호텔방을 뛰쳐나가 여섯 구역이나 되는 거리를 걸어가서 담배를 사겠다니, 이게 과연 현명한 선택일까? 순간 게티는 자신이 얼마나 나쁜 습관을 가지고 있는지를 깨달았다. 그동안 담배를 피우기 위해 얼마나 많은 편안함과 안락함을 포기해왔던가. 담배는 어느 누구에게도 전혀 도움이 되지 않는 나쁜 습관이었다. 그래서 게티는 과감히 결단을 내렸다. 게티의 결심은 확고했다. 그는 침대 머리맡에 있던 담뱃갑을 쓰레기통에 처넣고 다시 잠옷으로 갈아입은 후 포근한 침대 속으로 들어갔다. 게티는 일종의 해탈감과 승리감에 도취되어 아주 편안하고 행복하게 잠들 수 있었다. 창밖의 빗소리는 마치 자장가처럼 들려왔고 그는 난생처음으로 깊은 잠에 빠져들었다. 그날 이후 게티는 완벽하게 담배를 끊었다.

beliefs become your thoughts. thoughts become words. words become actions. actions
become habits. habits become values. values become destiny.

믿음은 생각이 된다. 생각은 말이 된다. 말은 행동이 된다.
행동은 습관이 된다. 습관은 가치가 된다. 가치는 운명이 된다.

그러나 게티는 자신의 경험을 빌어 담배 피우는 사람들을 비난하지는 않았다. 그에게 중요한 것은 자신이 평생 나쁜 습관의 노예가 될 뻔했다는 사실이다.

사람들은 좋은 습관 갖기는 아주 어려운데 나쁜 습관은 자기도 모르는 사이에 아주 쉽게 몸에 배어버렸다고 말한다. 그러나 그것은 사실이 아니다. 습관이란 결국 그 사람의 의지에 달린 문제이다. 좋은 습관이든 나쁜 습관이든 결국 다 같은 습관이다. 나쁜 습관이 좋은 습관보다 더 쉽게 길러진다는 사실은 논리적으로 증명할 수 없다.

"인간 행동의 자율은 강한 의지를 바탕으로 한다."

윈스턴 처칠이 남긴 이 말 역시 습관과 의지력의 관계를 강조하고 있다. 습관이란 평소 자주 반복하는 행동이 굳어져 만들어진다. 습관은 아주 오랫동안 천천히 쌓인 것이기 때문에 그 힘에 대항하기란 쉽지 않다. 그러나 인간에게는 일련의 조정 능력이 있다. 어떤 습관을 기를 수 있었다면 그 습관을 없앨 능력도 분명히 있다.

다음은 나쁜 습관을 바꾸기 위한 몇 가지 방법이다.

- 자신에게 어떤 나쁜 습관이 있는지를 파악하라

  문제가 생겼을 때 도망가려는 습관, 가족과 동료들에게 가까이 다가가지 못하는 습관, 인생에 전혀 도움이 되지 않고 유쾌하지도 않은 습관

등이 모두 여기에 속한다.

- **주변 환경을 바꿔라**

  예를 들면 사무실 책상 옆에 멋진 그림을 걸어보자. 좀 더 즐거운 마음으로 일할 수 있어 능률도 오를 것이다. 다양한 취미생활은 일 중독증과 그로 인한 스트레스를 치료할 가장 효과적인 방법이다.

- **자신에게 도움이 되는 친구를 찾아라**

  예를 들어 폭음, 폭식하는 습관을 고치고 싶다면 술을 마시지 않고 소식하는 사람과 함께 식사를 해보라. 담배를 끊고 싶다면 담배 피우는 사람을 가까이하지 말아야 한다.

- **작은 성과라도 반드시 칭찬하라**

  눈에 보이는 작은 성과가 있었다면 반드시 자신을 위한 작은 선물을 마련하여 그동안의 노력을 치하하고 성공에 한층 더 가까워졌음을 각인시켜야 한다.

- **주변 사람에게 자신의 목표와 성과를 알려라**

  자신의 성과를 주변 사람과 공유하면 더 큰 성취감을 맛볼 수 있고 같은 실패를 되풀이하지 않을 수 있다.

- 다양한 외부 활동에 참가하라

  지금까지 알고 있었던 방법만 고집하지 말고 인생을 즐길 수 있는 새로운 방법을 찾아라.

- 모든 일을 너무 심각하게 생각하지는 말라

  즐거움은 가까운 곳에 있다. 힘들게 멀리서 찾으려 하지 말고 편안한 마음으로 일상을 즐겨라. 주변 사람과 함께 나누면 즐거움은 더 커진다.

- 다 아는 척하지 말라

  모르면 솔직히 모른다고 말하라. 당신이 진심으로 상대방에게 가르침을 구하면 두 사람 사이는 더욱 가까워질 것이다.

- 적절한 질문 방법을 배워라

  타인에게 개인적인 사항을 물어볼 때는 적당한 선에서 멈출 줄 알아야 한다. 끝까지 추궁하거나 파고들지 말라. 상대방에 대한 관심은 곧 상대방에 대한 배려로 이어져야 한다. 상대방의 입장에서 그 사람을 이해하도록 노력해야 한다.

- 유머 감각과 재치를 길러라

  나와 이야기 나누는 사람을 웃게 만들어라. 상대방이 내 이야기를 재미있게 들으면서 고개를 끄덕인다면 그 사람은 이미 내 편이 된 것이다.

- 상대방의 장점을 많이 말해주어라

  인간관계에서 가장 피해야 할 것 중 하나가 상대방의 단점을 지적하는 것이다. 반면, 상대방의 장점은 아무리 많이 말해도 나쁘지 않다. 마찬가지로 어떤 일을 하든지 부정적인 생각은 버리고 긍정적인 생각을 많이 하는 것이 좋다. 반드시 상대방의 잘못을 지석해야 할 상황이라도 그가 지금까지 보여준 노력이나 장점은 잊지 말아야 한다.

- 친구는 최대한 많이 사귀어라

  어떤 자리에서든 주변 사람을 즐겁게 만들어라. 이것이 많은 사람과 새로운 우정을 쌓을 수 있는 가장 효과적인 방법이다.

물론 여기에 제시된 사항을 모두 지키려면 대단한 의지와 노력이 필요할 것이다. 하지만 강한 의지가 없으면 절대 나쁜 습관을 고칠 수 없다.

습관을 바꾸는 것은 결코 쉬운 일이 아니다. 습관을 바꿔야 하는 데에는 여러 이유가 있지만, 중요한 것은 습관이 한 사람의 운명을 결정할 수도 있기 때문에 소홀히 생각해서는 안 된다는 사실이다. 좋은 습관은 성공을 만들고 나쁜 습관은 실패를 만든다. 지금 당장 나쁜 습관을 고치자. 더 이상 나쁜 습관 때문에 인생을 낭비하고 삶을 피곤하게 하지 말라.

33

좌절을 두려워하지 말라

좌절은 인생에서 피할 수 없는 경험이자 일종의 감정 상태이다. 어떤 사람은 계속되는 좌절에도 쓰러지지 않고 견뎌내지만 어떤 사람은 아주 작은 시련에도 모든 자신감을 잃고 포기해버린다. 심한 경우 삶의 의미를 잃어버리는 사람도 있다. 이것은 사람마다 인내심의 한계가 다르기 때문이다. 또 어떤 사람은 일상 속의 시련에는 강하지만 사업상의 좌절에 쉽게 무너진다. 반대로 사회생활 중에 겪는 좌절에는 강하지만 개인생활 속의 시련에 쉽게 무너지는 사람도 있다.

다음은 어떤 미국 사람의 경력이다.

- 21세에 사업에 실패했다.
- 22세에 주 의회선거에 낙선했다.
- 23세에 사업에 또 실패했다.
- 26세에 사랑하는 사람을 잃었다.

- 27세에 신경쇠약증에 걸렸다.
- 34세에 하원의원 선거에 낙선했다.
- 36세에 하원의원 선거에 또 낙선했다.
- 47세에 부통령선거에 낙선했다.
- 49세에 상원의원 선거에 낙선했다.

이 사람이 누구인지 눈치챘는가? 바로 미국 대통령 에이브러햄 링컨이다. 링컨은 수많은 시련과 좌절을 겪었지만 절대 쓰러지지 않았고 오히려더 큰 자신감과 열정을 발휘하여 52세 때 드디어 대통령에 당선되었다.

동양의 신문사 및 출판사에서는 누군가 기탁한 원고를 채택하지 않을경우 대부분 미안해하며 정중히 돌려보낸다. 그러나 서양의 작가들은 아주 냉정한 현실을 이겨내야 한다. 출판사나 신문사에서는 이름 없는 작가들을 철저히 무시했다. 노벨문학상을 수상한 많은 작가 중에도 이렇게 무시당한 이들이 적지 않다.

1923년 수상자, 아일랜드의 시인 예이츠는 1895년 그동안 거절당했던작품을 모은 시집을 발간하려 했다. 그러나 한 편집자는 "예이츠의 시는소리 내어 읽기에도 별로인 데다 특별히 어떤 감동을 주거나 상상력을 자극하지도 않는다"라고 말했다.

1925년 수상자, 영국의 극작가 버나드 쇼의 대표작 『인간과 초인』도

One needs to be slow to form convictions, but once formed they must be
defended against the heaviest odds.

신념을 형성할 때는 신중해야 하지만
신념이 형성된 후에는 어떤 어려움에서도 지켜야 한다.

수모를 겪어야 했다. 당시 이 작품을 거절한 출판사에서는 "당신은 영원히 대중의 사랑을 받는 인기 작가가 되지 못할 것이고, 이렇게 글을 써서는 땡전 한 푼 벌지 못할 것이오"라고 말했다.

1932년 수상자, 영국의 소설가 존 골즈워디의 대표작 『포사이트가 이야기』도 냉정히 퇴짜를 맞은 바 있다. 이 작품을 퇴짜 놓았던 사람은 "이 소설은 오로지 작가 자신이 즐기기 위해 쓴 것이다. 대중의 마음이나 기호가 전혀 고려되지 않은 소설은 대중성이 없다"라고 비난했다.

1949년 수상자, 미국의 소설가 윌리엄 포크너의 대표작 『임종의 자리에 누워서』를 거절한 담당자는 "맙소사, 만약 이 책이 세상에 나온다면 내 손에 장을 지지겠소"라고 말했다.

1954년 수상자, 미국의 소설가 헤밍웨이의 단편소설집 『봄의 분류』도 여러 차례 수모를 겪은 후에야 비로소 세상의 빛을 볼 수 있었다. 당시 한 출판사에서는 "만약 이 책이 성공한다면 우리는 아주 형편없고 몰인정한 출판사가 틀림없다"라고 말했다.

1969년 수상자, 아일랜드의 극작가이자 소설가인 사무엘 베케트 역시 그의 대표작 『말론은 죽다』를 완성하고 세상의 쓴맛을 봐야 했다. 이 소설을 읽어본 한 출판사 편집장은 "도대체 무슨 말을 하려는 건지도 모르겠고, 호기심을 자극하지도 않는다"라고 혹평했다.

1978년 수상자, 미국의 유태계 소설가 아이작 싱어의 『아버지의 궁전에서』도 너무 평범하다는 이유로 출간을 거절당했다.

1983년 수상자, 영국의 소설가 윌리엄 골딩은 1954년 완성한 『파리대왕』을 출간하려 했다. 그러나 출판사로부터 돌아온 대답은 "당신은 대단한 잠재력을 발휘했다고 생각하시오?"라는 말뿐이었다. 후에 골딩은 바로 이 작품으로 노벨문학상을 수상했다.

링컨이나 노벨문학상 수상자들은 어떤 시련과 좌절에도 결코 쓰러지지 않았다. 이들은 시련과 좌절을 꿋꿋이 견뎌내며 자신의 한계를 극복했기 때문에 역사에 길이 남을 성공을 이룰 수 있었다.

사람은 보통 순조롭게 일이 잘 진행될 때는 자신의 단점이나 부족한 점을 발견하지 못한다. 그러다가 심각한 방해물에 부딪혀 좌절을 맛본 후에야 자신을 돌아보고 부족한 점을 깨닫는다. 그리고 자신의 이상과 목표가 현실과 얼마나 동떨어져 있는지도 알게 된다. 그러나 이 순간 자신의 단점과 부족한 점을 극복하고 이상과 목표를 정한다면 좌절은 오히려 인생을 발전하게 만드는 촉매제가 될 것이다. 시련을 견디고 좌절을 극복하는 것 자체가 인생이다.

어차피 피할 수 없다면 최대한 좋은 방향으로 이용해야 한다. 좌절이 우리 삶에 미치는 긍정적인 부분에 주목해보자. 좌절은 인간의 의지와 정신력을 강하게 단련시킨다. 좌절에 부딪히면 처음에는 누구나 모든 의지와 용기를 잃고 좌절의 늪에 빠진다. 이 순간을 극복하지 못하면 과도한 정신적 스트레스로 기본적 인격 성향이 바뀔 수도 있다. 이때 사람들은 대부분 냉담, 고독, 열등감, 아집 등의 현상을 보인다.

좌절을 극복하려면 먼저 자신의 잘못을 덮어 감추려 하거나 남에게 책임을 전가하려는 태도부터 버려야 한다. 그리고 좌절의 원인을 정확히 분석, 파악한 후 좌절에 대처할 정확한 방법을 선택해야 한다.

좌절에 부딪혀 맥없이 쓰러지지 말라. 이 순간을 이겨내면 역경을 순경(順境)으로, 실패를 성공으로 바꿀 수 있다. 지금 좌절에 부딪혔다면 다음의 방법을 이용해보라.

● 자신을 충분히 이해하라

자신감이 부족한 사람들은 대부분 어린 시절 남에게 지나치게 의존했거나 혹은 아주 치열한 경쟁 속에서 많은 실패를 경험한 결과 '너는 할 수 있어도 나는 못 해' 하는 생각이 굳어져 있다. 그래서 자신을 과소평가하고 스스로 정해놓은 틀 안에서 벗어나지 않으려 한다. 그러나 자기만의 틀 안에 갇혀 있다 보면 근심 걱정, 그리고 불안하고 초조한 마음이 끊이지 않기 때문에 괴롭기는 마찬가지이다.

포기가 빠른 사람은 '나는 못해'라는 말을 쉽게 내뱉거나 자신을 정확히 표현하지 못하고 자신이 어디로 가야 할지도 알지 못한다. 이런 사람들은 깊이 생각하지 않고 제멋대로 행동하기 일쑤여서 늘 주변 사람들에게 피해를 주고 자신의 삶을 엉망으로 만든다. 특히 이들은 반사회적인 생각을 하기 때문에 사회에 큰 피해를 주기도 한다.

또한 자신감이 지나쳐 오만해진 사람은 자신이 매우 훌륭하다고 생각하지만 이들은 자기도 모르게 남을 속이거나 자신을 기만하곤 한다. 그러나 적당한 자신감은 행위의 동기와 목적을 분명히 해주고 자신의 능력을 정확히 파악할 수 있게 해준다. 이들은 자신을 사랑하면서 동시에 타인을 존중할 줄 안다. 자신감 있는 사람들은 자신이 하는 일이 반드시 성공할 것이라고 굳게 믿는다. 이들은 언제나 '당신이 할 수 있으면 나도 할 수 있다'라는 자세로 끊임없이 도전하면서 자신을 정확히 파악하고 자신의 잠재력을 최대한 끌어낸다.

- 새로운 시각으로 세상을 보라

좌절을 극복하기 위해서는 기본 방식에 집착하지 않고 새롭게 사고를 전환해볼 필요가 있다. 좌절을 인간의 의지, 결단력, 용기를 단련시키는 일종의 종합 능력 테스트라고 생각하라.

'실패는 성공의 어머니'라는 말을 잊지 말라. 초한 전쟁 중 유방은 수없이 많은 패배를 경험했으나 절대 좌절하거나 포기하지 않았다. 그리고 결국 해하 전투에서 항우의 초나라 군사를 겹겹이 에워싸고 '사면초가'라는 고사를 만들어내며 대승을 거두었다. 사람은 좌절을 겪을수록 더욱 성숙해진다. 단, 그 안에서 교훈을 얻어 똑같은 실수를 피하거나 혹은 실수를 최소한으로 줄여나가야 함을 잊지 말라.

- 새로운 선택

어떤 문제가 생겼을 때 일분일초를 다투는 일이 아니라면 잠시 그 일에서 손을 떼라. 시간이 흐른 후 한 걸음 물러서서 다시 생각해보면 좀더 확실히 상황을 이해하고 합리적인 방법을 찾을 수 있다. 이러지도 못하고 저러지도 못하는 어정쩡한 상태로 쓸데없이 시간을 낭비하는 것이 가장 위험하다.

때에 따라서는 처음 세웠던 계획을 포기할 수 있어야 한다. 물론 쉽지 않은 일이지만 더 합리적인 계획을 세우기 위해서는 과감히 포기해야 한다. 먼저 버리고 자리를 비워야 새로운 것을 얻을 수 있다. 처음부터 단번에 완벽한 계획을 세울 수는 없다. 신중히 생각한 후 도리에 어긋나지 않고 마음을 편안하게 해주는 것은 취하고 그렇지 못한 것은 미련 없이 버려라.

● 다른 사람과 비교하기

자신을 주변 사람과 비교하면 항상 잘났다고 하기에는 조금 부족한 듯 싶고 뒤처진다고 보기에는 내가 너무 아깝다는 생각이 들게 마련이다. 문제는 그 기준이 누구에게 맞춰지느냐에 있다. 자신을 평가할 때는 남의 기준에 맞추려 하지 말고 자신의 기준으로 판단해야 한다. 확실한 자기 기준이 있는 사람은 자신의 감정을 평온하게 조절할 수 있기 때문에 좌절이나 실패를 겪더라도 자신감과 용기를 잃지 않을 수 있다. 또한 이들은 자신의 장점을 최대한 발휘할 수 있으며, 타인이 장점을 찾아내어 단점을 보완할 수 있도록 도움을 주기도 한다.

인생의 기회는 대부분 실패에서 시작된다. 실패는 우리가 냉철하고 이성적으로 생각할 수 있게 해주고 더욱 분발할 수 있게 해준다. 그래서 인간은 수많은 실패 속에서 위대한 성공을 만들어낼 수 있는 것이다.

● 아무리 급한 일이라도 반드시 휴식이 필요하다

우리가 열심히 일하는 이유는 단지 물질적 보상을 얻기 위해서가 아니다. 물질적 보상, 즉 돈보다 더 중요한 두 가지가 있다. 첫 번째는 자아를 실현하여 자기만족과 위안을 얻기 위함이요, 두 번째는 대중 앞에 자신의 존재를 드러냄으로써 확고한 사회적 지위를 얻기 위함이다.

그러나 갈수록 해야 할 일이 많아지다 보니 사람들은 늘 바쁘고 정신이 없다. 일은 해도 해도 끝이 없고 사람들은 만성 스트레스와 피로에 시달린다. 이런 악순환의 고리를 끊기 위해 합리적인 휴식 계획과 방법을 세워야 한다. 새로운 환경 속에서 다양한 활동을 통해 먼저 정신적으로 안정을 되찾고 체력을 회복하는 것이다. 여가생활이란 놀고먹는 시간이 아니라 몸과 마음을 건강하게 할 수 있는 재충전의 시간이다.

● 현실에 적응하라

성공한 사람 대부분은 현실과 효과적으로 타협할 줄 안다. 어떤 문제가 생겼다면 먼저 상황을 개선시켜 목표를 이루기 위해 자신의 능력을 최대한 발휘해본다. 그러나 아무리 노력해도 불가능한 상황이라면 처음 세운 목표와 방법을 수정하여 새로운 현실에 적응해야 한다.

● 최대한 많은 사람과 교류하라

인간은 사회적 동물이다. 사람은 다른 사람과 어울리면서 도움을 받거나 정보를 얻는다. 또한 사람들과의 교류를 통해 희로애락의 감정을 표현함으로써 평상심과 심신의 건강을 유지할 수 있다. 이러한 교류가 없다면 좌절에 부딪혔을 때 효과적으로 대처하고 다시 분발할 용기를 얻을 수도 없다. 다양하고 원만한 인간관계는 성공의 전제조건이다.

인생은 시험의 연속이다. 쉽게 패배를 인정하거나 '나는 못 해'라고 포기하지 말라. '나는 할 수 있다'라는 자세로 끝까지 밀고 나아가라. 좌절 없는 인생은 아름다워질 수 없다. 처절한 실패의 아픔을 아는 사람만이 성공의 달콤함을 맛볼 수 있다.

평소 순풍에 돛을 단 배처럼 평탄한 인생은 없다. 누구나 살다 보면 별별 어려움과 좌절을 겪게 마련이다. 그렇기 때문에 좌절에 부딪혔을 때 어떤 마음으로 어떻게 대처하느냐가 성공 여부를 좌우한다. 좌절을 두려워하지 말라. 좌절을 겪고 다시 일어나 도전하는 사람만이 성공할 수 있다.

Chapter 4

인격을
다듬는
삶

인격은 한 사람의 도덕성을 나타내는 기본적인 자질이자 가장 고귀한 재산이다.
인격에는 인류의 아름다운 꿈과 영예가 가득하다.
이 안에서 꿈을 크게 키우면 그 보상으로 명예와 존경이 따른다.

34

긍정의 마인드로 반전하라

　사람은 누구나 단점도 있고 장점도 있게 마련이다. 그러므로 최대한 장점을 살려 단점을 보충하는 것이 성공의 열쇠가 된다.

　한 소년이 열 살 되던 해 자동차 사고로 왼팔을 잃었다. 어느 날 소년은 유도를 너무 배우고 싶어졌다. 소년은 한 사부를 소개받아 유도를 배우기 시작했다. 소년의 학습 능력은 매우 훌륭했다. 그러나 사부는 3개월 동안 한 가지 기술밖에 가르쳐주지 않았다. 소년은 사부가 왜 다른 기술을 가르쳐주지 않는지 이해할 수 없었다.

　소년이 사부에게 물었다.

　"제가 아직 부족합니까? 왜 다른 기술을 가르쳐주시지 않습니까?"

　사부가 대답했다.

　"물론 네 실력은 아주 훌륭하다. 내가 가르쳐준 기술을 완벽히 소화했어. 그러나 너는 이 기술 하나면 충분하다."

　소년은 사부를 이해할 수는 없었지만 믿고 따르기로 했다. 소년은 이후로도 계속 열심히 연습을 했다.

몇 개월 후 소년은 처음으로 유도대회에 참가했다. 소년은 처음 두 경기를 의외로 아주 쉽게 이겼지만 세 번째 경기는 만만치 않았다. 그러나 상대방은 곧 초조해지기 시작했고 소년은 자신의 필살기를 이용하여 승리했다. 소년은 한 경기 한 경기 최선을 다하는 동안 어느새 결승전까지 올라갔다.

결승전 상대는 소년보다 훨씬 키도 크고 건장하고 노련해 보였다. 경기가 시작되었고 시간이 지날수록 소년이 밀리기 시작했다. 심판은 부상을 당할까 봐 경기를 중지시켰다. 심판은 여기에서 경기를 끝내고 상대방의 승리를 선언하고자 했다. 그러나 소년의 사부는 이에 승복하지 않고 경기를 계속하겠다고 강력하게 주장했다. 경기는 다시 시작되었고, 상대방은 소년을 별것 아니라고 생각하며 아까보다 훨씬 긴장을 늦추었다. 이때 소년은 상대방의 빈틈을 발견하고 곧장 자신의 필살기를 이용해 상대를 제압하였다. 경기는 소년의 승리로 끝났다.

집으로 돌아오는 길에 소년은 사부와 함께 매 경기의 중요 부분을 되짚어보았다.

"사부님, 어떻게 이 한 가지 기술로 제가 우승을 할 수 있었을까요?"

"첫째는 네가 완벽하게 익힌 기술이 유도 기술 중 가장 고난도 기술이기 때문이다. 둘째 이유는 이 기술을 꺾을 유일한 방법은 상대가 왼팔을 제압하는 것이지만 넌 왼팔이 없기 때문에 그들은 그럴 수가 없었다."

소년의 가장 큰 약점이 가장 큰 장점이 되었던 것이다.

이 세상에 완벽한 사람은 없다. 사람은 누구나 단점을 가지고 있는 동시에 장점도 가지고 있다. 문제는 자신의 장단점을 어떻게 이해하고 이용하느냐 하는 것이다. 자신의 단점만 보고 자포자기하는 사람은 영원히 자신의 한계를 극복할 수 없다. 물론 성공은 말할 것도 없다. 그러나 최대한 장점을 살려 단점을 보완하면 단점도 장점이 될 수 있다. 이것이 곧 성공으로 가는 지름길이다.

35
인생을 좀먹는 허영심을 걷어내라

죽어도 체면을 세우려는 사람은 그것이 제 무덤을 파는 일임을 인식하지 못한다. 특히 전통적으로 체면을 중시하는 관습이 깊이 뿌리박혀 있는 중국인의 경우 이런 경향이 더 심하게 나타난다.

20세기 초 임어당은 『중국인의 얼굴』이라는 글에서 이렇게 언급했다.

'중국인의 얼굴은 씻거나 면도하는 것 외에 잃을 수도 있고, 감상할 수도 있고, 빛나게 할 수도 있고, 세울 수도 있다. 그중에서도 얼굴을 빛나게 하는 것, 즉 체면을 세우는 것을 인생에서 가장 중요한 것으로 생각했고, 어떤 사람들은 이 때문에 전 재산을 탕진하기도 한다.'

루쉰은 『체면을 말하다』에서 '각 계층마다 그들만의 체면치레 방식이 있다'라고 말했다.

체면이란 일반적으로 그 사람의 사회적 지위나 직업과 관계가 깊다. 예를 들어, 예로부터 중국의 학자들은 체면을 세우기 위해 상인들과 어울리지 않았다. 학자들은 상인이라는 직업을 매우 하찮게 여겼으며 오로지 학문과 관계된 일만을 중시했다. 한편, 상인들이 체면을 세우는 방식은 또 달랐다. 그들의 삶은 '부'와 밀접한 연관이 있었다.

이렇게 사람마다 체면을 세우는 기준이 다른 이유는 그들의 마음속에 형성된 자아 이미지가 다르기 때문이다. 이것을 기준으로 사람들은 자신이 갖고 있는 자아 이미지와 맞지 않는 행동은 '체면을 잃는다'라고 생각하고 자신의 이미지를 더욱 빛나게 하는 행동은 체면을 세워주는 일이라고 생각한다.

사업에 실패한 후에도 지금까지 해왔던 겉치레를 유지하기 위해 안간힘을 쓰는 사람이 있었다. 그는 사업에 실패했다고 해서 남들에게 초라한 모습을 보이고 싶지 않았다. 그는 다시 사업을 일으킬 목적으로 주변 사람들에게 자주 식사를 대접하면서 관계를 유지하려 노력했다. 저녁 식사에 손님을 초대할 때는 돈을 주고 차를 빌려서 손님을 모셨고, 두 시간짜리 가정부를 불러서 진수성찬을 차려냈다. 가정부가 요리를 내오면 그는 오랫동안 고기 맛을 보지 못한 아이들을 무서운 눈빛으로 쏘아보며 손님 음식에 손도 대지 못하게 했다. 그리고 아직 술이 남아 있는데도 진열장에 남아 있는 마지막 술병을 땄다. 그러나 초대된 손님들은 이 모든 것이 그의 허식임을 잘 알고 있었다. 그들은 배불리 먹고 돌아가면서 감사하다는 말을 건넸지만 동정의 눈빛으로 그를 쳐다보았다. 그리고 사업적으로 아무런 도움도 주지 않았다. 결국 사업가는 아무 도움도 받지 못한 채 얼마 남지 않았던 예금까지 바닥냈고 빚더미에 올라앉았다.

사실, 사람으로서 체면치레를 하려는 것은 지극히 정상적인 행동이다. 체면치레란 자신의 자존심과 인격을 표현하는 행동양식이다. 문제는 체면을 지키려는 행동이 자존심을 지키려는 목적이 아니라 종종 옆길로 샌다는 데 있다. 어떤 사람들은 체면치레를 하면서 다른 사람들에게 자신의 능력을 과시하고 뽐내려 하고 주변 사람들이 자신을 더 높이 평가해주기를 바란다. 그러나 이런 행동은 사회나 대중은 물론이고 그 자신에게도 전혀 도움이 되지 않는다. 다시 말해, 많은 사람이 체면을 지키기 위해 하는 행동이 허영과 가식에 불과하다는 것이다.

많은 사람이 잘못 생각하고 있는 것이 있다. 체면치레란 타인이 자신을 부러운 눈길로 바라보게 만드는 것이 아니다. 주변 사람들로부터 칭찬을 듣는다고 해서 자신이 그들보다 우월하다는 생각을 갖는 것도 바보 같은 짓이다. 허영과 가식으로 가득 찬 체면치레는 화를 자초하기 쉽다. 특히 부를 과시하기 위해 사치와 낭비를 일삼는 경우가 가장 위험하다.

사람이 태어나면서 죽을 때까지 하는 행동 중 체면과 관련되지 않은 것은 하나도 없다. 특히 출생, 결혼, 생일 같은 때에는 항상 시끌벅적하게 잔치를 벌이는 것이 중국인의 관습이다. 사람들은 이런 잔치가 화려하면 화려할수록 자신의 체면을 세워준다고 생각한다. 하지만 잔치가 화려할수록 그 후에 감수해야 할 고통은 더 클 수밖에 없다. 현대사회에서도 이런 일은 부지기수이다. 특히 중산층 가정들도 하루의 체면치레를 위해 수십 년간 힘들게 모은 재산을 탕진하곤 한다.

그 외에도 과도한 체면치레로 인한 폐해는 매우 많다. 맹목적으로 체면치레에만 열중하는 사람은 대부분 독립적 사고가 불가능하다. 체면치레란 결국 기존에 만들어져 있는 관습의 틀 안에 자신을 맞춰가는 것이기 때문이다. 체면을 중시하는 이들은 항상 주변 사람들이 자신을 어떻게 평가할 것인가에 신경이 곤두서 있다. 그 때문에 이들의 행동은 자신의 판단에 의해서가 아니라 주변 사람들의 생각에 좌우된다. 임어당이 "심지어 체면치레를 위해 재산을 탕진하기도 한다"라고 말한 것도 바로 이런 이유 때문이다.

인간의 허영심은 뿌리 깊은 나무처럼 뽑아버리기가 쉽지 않다. 이것을 근본적으로 해결하기 위해서는 허영심 자체를 없애려 하지 말고 긍정적인 방향으로 개선시킬 방법을 생각해야 한다. 주체할 수 없을 만큼 돈이 많은 사람이 허영을 부리고 싶어한다면, 어차피 어딘가 돈을 써야 한다면, 인류의 평화로운 삶을 위한 사업이나 연구 활동에 투자하도록 유도하는 것이다. 이런 허영이라면 모두가 그를 칭송하며 반길 것이며, 돈을 쓰는 사람 자신도 충분히 만족할 수 있다. 그러나 다른 사람의 입장을 무시하고 제멋대로 허영을 부린다면 대중의 비난을 면치 못할 것이다. 허영이란 종이호랑이처럼 쉽게 부서질 수 있다. 자신의 능력과 상황을 정확히 파악하고 최선을 다해 노력하는 사람만이 성공할 수 있다. 이 과정에 허영이나 체면치레는 전혀 도움이 되지 않는다. 죽어도 체면을 지키려는 것은 스스로 제 무덤을 파는 행동일 뿐이다.

36

감정에 휘둘리지 말라

근심 걱정으로 불안하고 초조할 때, 자기도 모르게 긴장될 때, 도저히 더이상 버틸 수 없다면 잠시 모든 것을 멈추고 자신에게 이렇게 말해보라.

"이것은 지혜롭고 융통성 있는 사람이 할 일이 아니다. 이것은 완벽한 사람의 태도가 아니다. 단지 지금까지 단 한 번도 즐거움을 누려보지 못한 무식한 사람의 행동방식일 뿐이다. 나는 절대 감정의 노예가 되지 않겠다."

감정의 희생물 혹은 노예가 되어서는 안 된다. 희망을 가진 사람은 자신에게 "내 계획을 실천에 옮기기 전 먼저 내 몸 상태를 자세히 살펴보아야 한다. 실망스럽거나 우울하지 않고, 소화불량 증상도 없고 간도 건강하다면, 즉 컨디션이 그런대로 괜찮다면 당장 계획대로 행동하고 일을 처리해도 좋다"라고 말하지는 않는다.

용기를 잃고 절망스럽더라도 이런 감정 자체에 연연하지 말라. 차라리 시원하게 한바탕 물을 끼얹어라. 그리고 머릿속에 가득한 우울하고 어두운 그림자를 쫓아버릴 수 있을 때까지 조용히 사색에 잠겨보라.

먼저 실망스러운 생각과 자신을 힘들게 만드는 모든 상황을 무시하라. 자신을 불쾌하게 만드는 일에 일일이 얽매이지 말라. 언제까지 자신의 실수와 불쾌한 기억들을 떠올리며 자신을 괴롭힐 것인가? 더 이상 참지 말고 당장 일어나 평화로운 마음의 행복을 깨뜨리는 적들을 물리쳐야 한다. 우리 안에 잠재되어 있는 모든 힘을 끌어모아 용감하게 맞서라.

이렇게 스스로에게 최면을 걸어보는 것도 좋다.

"조화는 영원한 진리가 된다. 혼란은 진실이 아니라 평화와 조화가 조금 부족한 것뿐이다."

이렇게 몇 번 반복해서 맞서다 보면 곧 머릿속에 가득한 어두운 그림자를 쫓아버릴 수 있다. 이후로는 항상 맑은 영혼을 유지하여 다시는 내 마음속의 평화와 행복을 깨뜨리는 적들이 침입하지 못하도록 해야 한다. 이 수준에 이르면 자신의 감정을 스스로 제어할 수 있는 진정한 자아의 주인이 될 수 있다.

주의력을 분산시키는 것 또한 초조한 마음을 가라앉히고 불안한 정서를 다스리는 좋은 방법이다. 불쾌한 감정과 생각이 끊임없이 떠오를 때는 이런 감정과 완전히 상반되는 곳으로 주의력을 옮겨보자. 즉, 즐거움, 자신감, 감격, 친절함에 대한 기억을 떠올리면 내 앞을 가로막고 있는 모든 괴로움이 사라질 것이다. 마치 상쾌한 아침에 커튼을 젖히는 순간 눈부신 햇살이 방 안을 비추면서 지난밤의 어둠이 순식간에 사라지는 것처럼 말이다. 내 마음을 어지럽히는 검은 구름을 직접 쫓으려 할 것이 아니라 근본적인 문제를 먼저 해결하여 자연스럽게 없앨 방법이 필요하다. 조금씩 어둠의 정도를 줄여갈 수 있는 한 줄기 빛을 이용해야 한다.

Never to suffer would never to have been blessed.

시련이 없다는 것은 축복 받은 적이 없다는 것이다.

사기가 저하되어 있거나 근심 걱정이 태산처럼 쌓여 있을 때는 일단 하던 일을 모두 멈추고 지금까지와는 완전히 다른 생각을 해보라. 골치 아픈 일들을 잊는 데 매우 효과적일 것이다.

즐거운 생각으로 우울함을 극복할 수 있다는 사실은 이미 많은 사람이 알고 있다. 자신의 처지에 만족할 수 없거나 희망이 사라진 상태라면 잠시 하늘의 뜻대로 흘러가게 내버려두면서 그 반대 상황을 상상해보라. 상상은 언젠가 현실로 나타날 수 있다.

너무 피곤하고 상심하여 사기가 저하되어 있거나 우울하다면 그 원인은 대부분 원기가 부족하기 때문이다. 이처럼 원기가 부족한 것은 많은 일에 시달리거나 폭음, 폭식 등 자신의 능력으로 소화할 정도를 넘어서거나 비정상적인 습관에 방해를 받기 때문이다.

하기 싫은 일을 억지로 할 것이 아니라 자신이 하고 싶은 일을 하거나 아주 유쾌한 시간을 보낼 수 있는, 마음껏 즐길 수 있는 취미 활동을 하는 것도 효과적인 방법이다. 어떤 사람은 집에서 아이들과 함께 놀아주면서 신선함을 느낌과 동시에 피곤함을 잊는다. 또 어떤 사람은 레스토랑에서 친구들과 한바탕 신나게 수다를 떨거나, 재미있고 용기를 북돋워주는 책을 읽으면서 피곤과 실망으로부터 감정을 회복한다.

자신을 피곤하게 하고 실망스럽게 만드는 일들을 잊어버려라. 자기 스스로 감정을 조절할 수 있을 때 미래는 밝고 건강한 장밋빛 인생이 될 것이다.

다음은 성공학의 대표 주자인 오그 만디노의 『위대한 상인의 비밀』 중 감정을 조절하는 비법에 대한 내용이다.

- 울적해지면 나는 노래를 부르리라.

- 슬플 때 나는 크게 웃으리라.

- 아플 때 나는 두 배로 일하리라.

- 두려울 때 나는 용감하게 앞으로 나아가리라.

- 열등감이 생기면 나는 새 옷으로 갈아입으리라.

- 불안할 때 나는 크게 소리 지르리라.

- 가난해지면 나는 미래의 풍요로움을 상상하리라.

- 무력할 때 나는 지난날의 성공을 떠올리리라.

- 삶이 무의미해지면 나는 나의 목표를 떠올리리라.

- 거만해지면 나는 지난날의 실패를 떠올리리라.

- 마음껏 먹고 싶을 때 나는 지난날의 굶주림을 떠올리리라.

- 득의양양해 있을 때 나는 내 경쟁자를 떠올리리라.

- 스스로 훌륭하다고 느낄 때 나는 지난날의 굴욕을 떠올리리라.

- 뭐든 다 할 수 있을 것 같을 때 나는 바람의 방향을 역행시킬 수 없음을 인정하리라.

- 부유해지면 나는 가난한 사람을 생각하리라.

- 자만심에 가득 차면 나는 나약했던 순간을 떠올리리라.

- 스스로 완벽하다고 느낄 때 나는 고개를 들고 밤하늘의 별을 바라보리라.

- 오늘 나는 내 감정을 지배하는 법을 배우리라.

- 나는 내 감정의 주인이 되리라.

- 나는 이제부터 위대한 인간이 되리라.

중국 속담에 '하늘은 사월에 하늘 노릇하기가 가장 힘들다. 벌레는 날이 따뜻하기를 바라고 보리는 날이 차갑기를 원한다. 나들이하는 사람들은 날이 화창하기를 바라고 농부들은 비가 내리기를 바란다. 뽕을 따는 여자들은 날씨가 맑기를 바란다'라는 말이 있다. 사람은 저마다 각기 다른 생각과 감정을 가지고 있다. 그러나 누구에게나 중요한 것은 마음을 안정시켜 평화롭고 온화한 삶을 유지하는 것이다. 정신적으로 불안하면 반드시 변고가 생기게 마련이다. 그렇기 때문에 우리는 평소에 미리 평온한 마음을 유지할 수 있는 자신만의 방법을 찾아두어야 한다.

37
쓸데없는 짐을 내려놓아라

현대사회를 살아가는 사람들은 대부분 복잡하고 힘겨운 일상 속에서 과도한 스트레스에 시달리며 숨도 제대로 쉬지 못한다. 그래서 어떤 사람들은 차라리 기절하거나 죽고 싶다고 말한다.

밀란 쿤데라의 『참을 수 없는 존재의 가벼움』이라는 책이 있다. 그러나 현실의 무게는 결코 가볍지 않다. 이렇게 삶의 무게가 무거운 이유는 좋은 집, 좋은 차, 고소득, 과소비와 같은 물질적 부와 욕망에 사로잡혀 자신을 학대하기 때문이다. 더욱 안타까운 것은 현대인 대부분이 자신이 이런 절망적 상황에 빠져 있다는 사실을 인식하지 못한다는 점이다. 이러한 상황은 특히 고도의 산업화를 이룩한 서구와 유럽에서 먼저 나타나기 시작했다.

미국의 심리학자 데이비드 마이어스와 에드 디너는 물질적 부가 행복을 가늠하는 지표 중 가장 영향력이 작은 것임을 증명했다. 즉, 부자가 된다고 해서 반드시 행복해지는 것은 아니라는 말이다.

스스로 감당할 수 없는 큰 부담을 느끼고 있다면 지금 지고 있는 짐을 과감히 버려라. 버려야 할 것은 버릴 줄 아는 것이 바로 삶의 지혜이다.

한 젊은이가 아주 커다란 봇짐을 지고 고생스럽게 먼 길을 걸어 무제대사를 찾아갔다.

"대사님, 저는 고통스럽게 고독과 싸우며 오랫동안 먼 길을 걸어와 아주 피곤합니다. 신발은 다 해졌고 양쪽 발은 온통 상처투성이입니다. 손에도 상처가 나 피를 많이 흘렸습니다. 험한 길을 걸으며 항상 크게 고함을 지르다 보니 이제 목이 아파 말도 제대로 하기 힘듭니다. 그런데도 저는 왜 아직까지 제가 가야 할 목표를 찾을 수 없는 겁니까?"

무제대사가 물었다.

"그 봇짐 속에는 무엇이 들어 있는가?"

젊은이가 대답했다.

"이것은 제게 아주 중요한 것입니다. 이 안에는 제가 시련과 좌절을 겪을 때 늘 함께했던 고통, 상처, 눈물, 고독, 괴로움 등이 들어 있습니다. 이런 것들이 있었기에 저는 대사님을 찾아올 수 있었습니다."

무제대사는 아무 말 없이 젊은이를 데리고 강가로 갔다. 그러고는 배를 타고 강을 건넜다.

반대편 강가에 닿자 대사가 젊은이에게 말했다.

"이 배를 들고 가게."

"뭐라고요? 배를 들고 가라고요?"

젊은이는 무제대사의 말을 이해할 수 없었다.

"배가 얼마나 무거운데…… 제가 어떻게 들고 갈 수 있겠습니까?"

무제대사는 빙그레 웃으며 대답했다.

"자네 말이 맞네. 자네는 이 배를 들고 갈 수 없네. 생각해보게. 강을 건너는 순간에 배는 꼭 필요한 것이지. 그러나 강을 건넌 후에는 배에서 내려 평지를 걸어가야 하네. 만약 강을 건넌 후에도 배를 버리지 못하면 이것은 우리에게 짐이 될 뿐이라네. 고통, 고독, 외로움, 고난, 눈물 등은 물론 우리 인생에 없어서는 안 될 소중한 것이네. 하지만 이것들은 마음속에 담아두면 우리 인생에 짐이 될 뿐이네. 과감히 버리게! 젊은이, 사람이 질 수 있는 짐에는 한계가 있다네."

그제야 젊은이는 지금까지 짊어지고 있던 무거운 짐을 내려놓고 다시 길을 떠났다. 그러자 그는 곧 자신의 발걸음이 가벼워지고 기분이 매우 상쾌해지는 것을 느꼈다.

우리 인생에는 많은 짐이 필요하지 않다. 우리는 인생에서 무엇을 얻을 수 있을까? 중요한 것은 결과가 아니라 과정이다. 그 과정 속에 온 마음을 쏟아부을 수 있어야 한다. 물론 긍정적인 마음가짐은 필수이다.

사람들은 언제나 물질적 풍요와 그럴듯한 겉모습을 중요시한다. 그래서 자신이 가진 돈, 정력, 시간을 모두 바쳐 모든 사람이 인정해주는 고급

스런 삶을 만들려고 한다. 그러나 그러는 동안 자신의 영혼이 하루하루 메말라가는 것은 전혀 알아차리지 못한다.

진실한 자아를 만들어내지 못하면 그 사람의 삶은 행복할 수 없다. 눈에 보이는 겉치레에 연연하지 않고 자아의 꿈과 목표를 실현해갈 때 행복과 즐거움이 가득한 삶이 펼쳐질 것이다. 동시에 우리의 메마른 영혼도 살찌울 수 있다. 물질적인 욕망이 줄어들수록 행복은 더 커진다.

행복과 즐거움은 물질적인 풍요와는 무관하다. 백만장자가 아니라 수입이 아주 적은 은퇴한 노인이라도 얼마든지 자신의 인생을 여유롭고 편안하게 만들 수 있다. 편안하고 여유로운 삶은 누구나 평등하게 누릴 수 있는 모든 인간의 권리이다.

나폴레옹은 돈, 명예, 권력 등 세상 사람들이 부러워하는 모든 것을 다 가졌지만 "나는 평생 단 하루도 행복한 적이 없었다"라고 말했다. 헬렌 켈러는 보지도 듣지도 못하는 어두운 세계에 살면서도 오히려 "인생이란 정말 아름다워!"라고 말했다.

마음의 평화, 행복한 인생은 우리가 처한 상황이나 재산의 많고 적음과는 상관없다. 이것은 그 사람의 마음가짐에 달린 문제이다.

우리는 종종 알 수 없는 불안과 긴장에 휩싸일 때가 있다. 이것은 예측할 수 없는 미래에 대한 걱정 때문에 나타나는 현상이다. 사람들은 언제 어느 때 자신에게 불행이 닥칠지 몰라 불안해한다.

'달은 둥글었다 이지러졌다 하면서 밝았다 어두웠다 변하고 사람은 아침저녁으로 화와 복이 번갈아 찾아온다'라는 옛말이 있다. 현실은 사람들이 생각하는 것보다 훨씬 복잡하고 변화무쌍하다. 우리가 겪는 대부분의 불행은 운이 나빠서가 아니라 스스로 그렇게 생각했기 때문에 현실로 나타난 것이다. 인생은 우리가 생각하는 대로 만들어진다.

물론 살다 보면 우리의 힘으로 어쩔 수 없는 일들도 일어난다. 이 세상의 어느 누구도 자신이 언제 불행에 빠질지, 언제 행복해질지 알 수 없다. 언제까지 건강할지, 언제 병에 걸릴지 알 수 없다. 그렇다면 언제 닥칠지 모를 불행과 병마 때문에 근심하고 우울해하며 인생을 비관하고 절망에 빠져 있어야 할까? 아니면 침착하고 차분하게 마음을 비우고 자연스럽게 긍정적이고 발전적으로 대처해야 할까?

"인생을 자유롭고 즐겁게 보내고 싶다면 반드시 긍정적이고 발전적인 생각을 가져야 한다"라는 말을 남긴 철학자도 있다. 사람은 긍정적인 마음만 있으면 어떤 위기에서도 두려움, 우울, 괴로움을 극복할 수 있다.

가끔 우리는 스스로가 안전밸브 없는 용광로처럼 느껴질 때가 있다. 용광로에 계속 압력이 가해져 더 이상 견딜 수 없는 지경에 이르면 어느 날 갑자기 폭발해버리는 것처럼 사람도 한순간에 완전히 무너질 수 있다. 그러나 이런 경우 대부분 특별한 이유는 없다. 그저 살면서 누구나 겪는 좌절, 시련, 실패를 겪었을 뿐이다.

어차피 인생이란 가시밭길을 걸어가는 과정이기 때문에 아무 상처 없이 살아간다는 것은 불가능하다. 평생 순풍에 돛을 단 배처럼 순조롭게 살 수는 없다. 순조로운 때가 있으면 좌절과 고통도 있게 마련이다. 이것은 아주 정상적인 과정이다. 여기에서 우리가 취해야 할 자세는 좌절과 고통을 최대한 빨리 잊고, 다시 용기를 내어 당당하게 인생을 꾸려나가는 것이다.

이 세상에 구세주란 없다. 자신의 인생을 바꿀 사람은 오직 자신뿐이다. 자신의 모든 잠재력을 발휘하여 스스로 변화를 이끌어야 한다. 실패와 좌절 속에서 새로운 교훈을 얻어 다시 도전하는 것이 진정한 용기이다. 수많은 근심 걱정, 극도의 긴장 상태를 극복하고 상황을 바꿀 수 있는 것은 자신의 의지뿐이다. 괴로움과 두려움이 분투와 용기로 변하면 그 밖의 부정적 요소들도 모두 긍정적으로 변할 것이다.

일찍이 링컨은 "누구나 마음만 먹으면 충분히 행복해질 수 있다"라고 말했다. 이 말은 행복이란 외부에서 구할 수 있는 것이 아니라 자신의 마음속에서 생겨나는 것이라는 의미이다.

인생은 유한하고 우리 앞에는 해야 할 수많은 일이 놓여 있다. 또 우리가 하고 싶은 일은 우리가 해야 할 일보다 많다. 이런 상황에서 사소하고 의미 없는 일 때문에 소중한 시간을 낭비한다면 정말 안타깝지 않겠는가?

만약 더 이상 의미 없는 인간관계 때문에 고민하고 괴로워하고 있다면 무 자르듯 과감히 잘라버려라. 그리고 새로운 목표를 위해 최선을 다하라. 과거의 경험은 앞으로의 인생에 본보기가 될 수는 있지만 그것에 얽매여 무거운 짐이 되게 해서는 안 된다.

우리에게는 아직도 긴 인생 여정이 남아 있다. 과거의 실패, 눈물, 괴로움 등을 과감히 던져버리면 당신의 발걸음은 한결 가벼워질 것이다. 앞으로 갈수록 더 넓은 세상이 펼쳐질 것이다.

Happiness depends upon ourselves.

행복은 우리 자신에게 달려 있다.

옛날 한 승려가 산길을 걷다가 발을 헛딛는 바람에 절벽 아래로 떨어지고 말았다. 절벽 아래로 떨어지면서 승려는 본능적으로 무언가를 잡기 위해 두 손을 휘젓다가 절벽 틈에 삐져나와 있는 나뭇가지를 붙잡았다. 승려는 일단 목숨을 건졌지만, 허공에 대롱대롱 매달려 오도 가도 못하는 상황이 되었다. 진퇴양난에 빠진 승려는 어찌해야 좋을지 알 수 없었다. 바로 그때 눈앞에 온화한 눈빛으로 자신을 바라보고 서 있는 부처를 발견했다. 승려는 구세주를 만났다는 생각에 얼른 외쳤다.

"자비로운 부처님, 어서 저를 구해주십시오!"

부처가 온화한 표정으로 물었다.

"내 너를 구해줄 것이니, 내 말을 무조건 따르겠느냐?"

"부처님, 이 상황에서 제가 어찌 감히 부처님의 말씀을 거역하겠습니까? 부처님이 말씀하신 대로 그대로 따르겠습니다."

"좋다! 그렇다면 지금 붙잡고 있는 나뭇가지를 놓아라."

이 말을 듣고 승려는 생각했다.

'이 나뭇가지를 놓으라고? 그러면 분명히 천 길 낭떠러지로 떨어져 뼈도 못 추릴 텐데, 내가 어떻게 살아날 수 있단 말인가?'

승려는 오히려 나뭇가지를 더 세게 붙잡았다. 부처는 승려가 자신의 말을 이해하지 못하고 고집스럽게 나뭇가지를 붙잡고 있는 것을 보고는 그 자리를 떠났다.

부처가 세상에 살아 있을 때 흑지라는 브라만(인도 카스트제도에서 가장 높은 지위인 승려 계급)이 양손에 화병을 들고 부처를 찾아왔다.

부처는 흑지에게 "내려놓으시오"라고 말했다. 흑지는 왼손에 들고 있던 꽃병을 내려놓았다. 그러자 부처가 다시 "내려놓으시오"라고 말했다. 흑지는 오른손에 들고 있던 꽃병을 마저 내려놓았다. 그런데 부처가 또다시 "내려놓으시오"라고 말했다. 그러자 흑지가 물었다.

"이미 제 양손에는 아무것도 없습니다. 더 이상 내려놓을 것이 없는데, 저에게 무엇을 내려놓으라고 하시는 겁니까?"

그러자 부처가 말했다.

"나는 당신에게 꽃병을 내려놓으라고 한 것이 아니오. 내가 당신에게 내려놓으라고 한 것은 당신의 육근(六根, 육식을 낳는 여섯 가지 근원. 안眼, 이耳, 비鼻, 설舌, 신身, 의意) 육진(六塵, 심성을 더럽히는 육식의 대상계對象界. 곧 육식에서 생기는 '빛·소리·냄새·맛·감촉·법'의 여섯 가지 욕정을 통틀어 이르는 말), 육식(六識, 육경六境을 지각하는 안식眼識, 비식鼻識, 설식舌識, 신식身識, 의식意識의 총칭)이오. 이것들을 모두 버려야만 모든 것을 다 버렸다고 할 수 있고, 그래야 생사의 고통에서 벗어날 수 있소."

흑지는 그제야 부처가 내려놓으라고 한 말을 이해할 수 있었다.

명예를 가진 사람은 명예를 버리지 못하고, 돈을 가진 사람은 돈을 버리지 못하고, 사랑을 가진 사람은 사랑을 버리지 못하고, 사업에 성공한 사람은 사업을 포기하지 못한다. 지금 우리가 손에 쥐고 있는 그것이 바로 우리가 정말 포기해야 할 것이다.

우리 어깨에 지워진 무거운 짐, 정신적인 스트레스가 어찌 손에 들고 있는 꽃병을 내려놓는다고 해결되겠는가? 이런 무거운 짐과 스트레스는 우리 인생을 괴롭게 만들 뿐이다. 필요하다면 우리는 부처의 말씀대로 낭떠러지에서 나뭇가지를 놓을 수 있어야 한다. 그래야 괴로움에서 벗어나 행복해질 수 있다.

더 많은 것을 포기하는 사람이 더 많은 것을 얻을 수 있다. 인생의 무거운 짐을 내려놓아야 가볍고 즐거운 마음으로 전진할 수 있다.

38
인간답게 인격을 사수하라

우리 인생에서 가장 중요한 것은 무엇일까? 돈, 권력, 자유를 포기하더라도 인생의 마지막 순간까지 절대 포기할 수 없는 것이 있다. 바로 인격이다. 인격을 포기하는 것은 인간이기를 포기하는 것과 다름없기 때문이다. 모든 사람이 자신을 소중히 여기고 자신의 능력을 믿는다면, 인간이기를 포기하고 도박이나 마약 혹은 범죄의 수렁에 빠지는 사람은 모두 사라질 것이다.

자신을 소중히 여기는 사람은 돈, 권력, 지위를 얻기 위해 자신의 인격을 팔지 않는다. 이런 사람들은 굳은 의지로 끝까지 지조를 지켜 자신의 이상과 사회적 이상을 실현하는 중요한 인재가 될 수 있다.

가난은 인격 상실에서 비롯되는 대표적 정신질환으로 볼 수 있다. 물론 가난은 불치병이 아니다. 그러나 스스로 완치에 대한 확신이 없다면 영원히 치료할 수 없다. 또한 다른 질병과 마찬가지로 가난을 이겨내기 위해서는 부단한 노력, 적극적인 태도와 용기가 필요하다. 이 중 하나라도 부족하면 영원히 가난의 굴레에서 벗어날 수 없다.

링컨이 변호사를 하고 있을 때, 한 의뢰인이 말도 안 되는 변호를 부탁했다. 링컨은 단호하게 거절했다.

"저는 이 사건을 맡을 수 없습니다. 만약 이 사건을 들고 법정에 서서 진술을 하게 된다면 그 순간 제 머릿속에서는 '링컨! 넌 거짓말쟁이야. 넌 거짓말쟁이야!'라는 외침이 끊이지 않을 것이고, 저는 완전히 이성을 잃을지도 모릅니다."

불법적인 사업이나 직업에 종사하면서 이중적인 생활을 하는 사람은 법은 피할 수 있을지 몰라도 양심의 가책에서는 벗어날 수 없다. 너무 부끄럽고 고통스러워 자신을 경멸하게 되는 경우도 많다. 양심의 가책은 사람을 무기력하게 만들고 인품을 떨어뜨리며 자존심과 자신감을 사라지게 한다.

지금 당장 큰 이익을 얻을 수 있다고 해도 정당하지 못한 일이라면 미련을 두지 말라. 그 앞에는 실패와 불행뿐이다.

만약 상사가 정당하지 않은 일을 시켰을 때는 자신의 뜻을 분명히 밝혀야 한다. 당신은 정상적인 인격의 소유자가 해야 할 일이 아니면 절대 하지 않는다고 분명히 말해야 한다. 자신의 인격, 지조, 명예를 불법적인 단체나 진실하지 못한 윗사람에게 팔아먹지 말라.

누구든 우리에게 억지로 비인간적인 행동을 하게 할 수는 없다. 돈 때문에 자신의 인격이나 자존심을 짓밟지 말고, 누구 대신 정당하지 않은 일을 해서도 안 된다. 어떤 일을 하든지 자신의 인격과 지조를 지키는 것보다 더 중요한 일은 없다. 우리는 처음부터 끝까지, 아니 영원히 '인간다워야' 한다.

인격은 한 사람의 도덕성을 나타내는 기본적 자질이자 가장 고귀한 재산이다. 인격에는 인류의 아름다운 꿈과 영예가 가득하다. 이 안에서 꿈을 크게 키우면 그 보상으로 명예와 존경이 따른다.

훌륭한 인격은 금은보석보다 값진, 인생 최고의 소중한 재산이다. 그러나 돈을 버는 데만 급급한 나머지 정신적으로 가난해지고, 진실과 아름다움과 도덕에 무감각해지고, 시비와 선악의 구분이 모호해지는 경우가 아주 많다. 그렇기 때문에 종교에서는 돈이나 돈을 버는 자체를 죄악시하기도 한다.

사람은 밥만 먹고 살 수 없다. 눈에 보이지 않는 일종의 '마음의 양식'이 필요하다. 사람은 육체의 건강과 생명을 유지하기 위해 평생 많은 돈을 들여 음식을 섭취한다. 그러나 정신과 영혼의 건강을 위해 필요한 진, 선, 미와 같은 마음의 양식은 돈이 없어도 가질 수 있는 것이지만 아무리 많은 돈이 있어도 살 수는 없다. 마음의 양식과 음식물은 똑같이 중요하지만 마음의 양식을 구하는 과정은 결코 간단하지 않기 때문에 더 높은 가치를 부여하는 것이다.

한 인간의 재산과 자아 가치를 단순하게 돈만으로 평가할 수는 없다. 엄청난 재산을 가지고 있으면서도 정신적으로 빈곤한 사람, 넓은 대지를 소유하고 있지만 도량이 아주 좁은 사람에게 '재산'이란 어떤 의미일까? 과연 그 양과 넓이만큼 가치가 있을까?

일평생 돈벌이에만 급급한 나머지 자신의 가치를 발견하지 못한다면 그것은 분명 비극적인 인생이다. 이들의 영혼은 고목나무처럼 메마른 구두쇠 영혼일 뿐이며 더 이상 고상한 인품 같은 것은 남아 있지 않다. 이들을 과연 부자라고 말할 수 있을까?

인격은 물질적 재산보다 훨씬 가치 있고 소중하다. 만약 영혼을 잃는다면 온 세상을 손에 넣어도 아무 소용이 없다. 돈은 포기하더라도 인격은 절대 포기해서는 안 된다.

39
실패를 성공의 발판으로 삼아라

사람은 누구나 실패를 경험한다. 중요한 것은 어떻게 실패에 대처하는 가이다. 실패했다고 그 일을 완전히 포기해버리고 두 번 다시 도전하지 않는다면 그것은 정말 완벽한 실패가 된다. 그러나 비록 실패했더라도 다시 일어나 용감하게 도전하는 사람은 최후의 승리를 얻어낼 수 있다.

우리 주변에는 늘 누가 어떻게 성공했다더라 하는 말들이 끊이지 않는다. 그러나 그렇게 성공한 사람들의 실패했던 과거에 관심을 기울이는 사람은 많지 않다. 성공한 사람은 당연히 성공할 운명을 타고났다고 생각한다. 그러나 사람은 누구나 똑같은 능력과 조건을 가지고 태어난다. 인생의 성패를 좌우하는 것은 누가 끝까지 포기하지 않고 도전하느냐에 달려 있다.

자신감은 모든 일의 전제조건이다. 이 세상에는 반드시 당신이 아니면 그 누구도 대신할 수 없는 일이 있다. 그렇기 때문에 사람은 누구나 이 세상에 존재해야 할 가치가 있다. 만약 아직까지 그 일을 찾지 못했다면 당장은 불완전한 삶을 살아야겠지만, 매사 나 아니면 안 된다는 자신감과 책임감을 갖는다면 곧 진정한 자아 가치를 실현할 수 있다. 이 순간 당신의 인생에 새로운 의미가 부여될 것이다.

세상에는 잘 알려지지 않은 위대한 성공자들은 아주 많다. 이들은 대부분 가난한 집안에서 태어났거나 신체적 장애를 가지고 있거나 혹은 그 외에 수많은 고난을 이겨낸 사람들이다. 이들은 강인한 의지와 정신력으로 온갖 시련을 이겨내고 용감하게 인생에 도전장을 내밀었다. 그리고 하늘이 자신에게 준 모든 잠재력을 발휘하여 성공을 만들어냈다.

미국의 메리케이 코스메틱의 메리 케이 애시 회장은 회사 설립 초기 큰 실패를 경험했다. 이 때문에 그녀는 물질적으로나 정신적으로 엄청나게 타격을 받았고, 성공을 향해 먼 길을 돌아가야 했다. 그러나 메리 케이 애시는 단 한순간도 실망하거나 의기소침한 적이 없었다. 그녀는 지금까지 명실상부한 미국 화장품 업계의 여왕으로 통하고 있다.

1960년대 초, 이미 은퇴한 메리 케이 애시는 한가로운 생활을 보내고 있었다. 그러나 그녀는 무료하고 적막한 생활을 견딜 수 없었고 마침내 새로운 모험에 도전하기로 결심했다. 메리 케이 애시는 심사숙고 끝에, 평생 모은 전 재산 5천 달러를 투자하여 자신의 이름을 딴 메리케이 코스메틱을 설립했다.

메리 케이 애시의 두 아들은 어머니의 이상과 열정을 높이 존중했고 적극적으로 어머니를 도왔다. 큰아들은 월급 480달러를 받는 보험 회사 대리점을 정리했고, 작은 아들은 월급 750달러를 받는 일자리를 포기했다.

그리고 두 아들은 월급 250달러에 개의치 않고 어머니 회사로 들어왔다. 메리 케이 애시는 이 일생일대의 모험을 헤쳐나가기 위해 배수의 진을 쳤다. 만약 일이 잘못되는 날에는 그녀가 평생 힘들게 모은 피 같은 전 재산을 날리게 될 뿐만 아니라, 두 아들의 창창한 미래까지 망칠 수 있었다.

메리 케이 애시는 회사 창립 후 처음 열린 화장품 판매 전시회에 효능이 아주 뛰어난 화장품 세트를 대대적으로 출시했다. 그녀의 계획대로라면 이번 전시회를 통해 메리케이 코스메틱은 화장품 업계에 센세이션을 일으키며 첫 번째 대박을 터뜨려야 했다. 그러나 사람이 생각만으로는 하늘의 뜻을 바꿀 수 없는 노릇, 전시회가 열리는 동안 메리케이 코스메틱은 겨우 15달러 매출을 기록했다.

전혀 예상치 못한 참혹한 실패 앞에서 메리 케이 애시는 아연실색하지 않을 수 없었다.

집에 돌아온 그녀는 거울 앞에 서서 자신에게 반문했다.

"이봐, 도대체 뭐가 문제지?"

그녀는 다시 한 번 심사숙고했고, 드디어 문제점을 발견했다. 전시회 내내 메리케이 코스메틱은 적극적으로 고객을 유치하려는 노력을 전혀 하지 않았다. 외부에 어떤 주문서나 상품 소개서도 발송하지 않았고 오직 고객들이 알아서 화장품을 사러 오기만을 기다리고 있었던 것이다.

'상품 시장은 전쟁터야. 아무도 내가 흘린 눈물을 기억해주지 않는다. 눈물은 절대 성공을 보장해주지 않아.'

메리 케이 애시는 눈물을 닦고 첫 번째 실패를 딛고 다시 일어섰다. 그녀는 생산관리를 무엇보다 중요하게 생각했지만, 영업 부문에도 그에 못

지않은 열정을 투자했다.

창립 당시 직원 아홉 명으로 시작했던 메리케이 코스메틱은 20년 간 각고의 노력 끝에 오천 명의 직원을 거느린 대기업으로 발전했다. 소규모 가족 중심 경영으로 시작했던 회사는 다국적기업으로 성장했고 전 세계 20만 명의 영업 사원을 거느리고 연매출 3억 달러를 돌파했다. 메리 케이 애시는 당당히 자신의 꿈을 이루었다.

이미 중년의 나이를 훨씬 넘긴 여성이 이런 기적을 만들어낼 수 있었던 것은 '실패에 굴하지 않고 용감히 다시 일어서는 정신'이 있었기 때문이다.

메리 케이 애시의 일화를 통해 아무리 힘겨운 시련이 다가와도 적극적으로 대처하고 해결 방법을 찾으려 노력해야 한다는 것을 알 수 있다. 문제 해결 방식은 아주 다양하지만 이것이 바로 문제 해결의 핵심이다. 문제가 생겼을 때 재빨리 심각성을 인식하고, 사건의 진상을 정확히 파악하고, 침착하게 그 원인을 밝혀내는 것이 순서이다.

빌 게이츠는 이렇게 말한다.

"수시로 자신의 선택을 살피고 수정하는 것이 성공의 비결이다. 이것은 자신의 결정과 목표를 의심하는 것이 아니라, 합리적으로 목표를 조정해나가는 과정을 뜻한다. 끊임없이 새로운 목표를 세우고, 실패하더라도 다시 일어서라. 그러는 동안 성공에 가까워진다."

일생을 통해 배워야 할 가장 중요한 철학 중 하나가 어떻게 실패에 대처하는가이다. 실패했을 때 어떻게 행동하느냐에 따라 더 큰 위기에 빠질 수도 있고 전화위복이 될 수도 있다. 그래서 리더십 전문가 앤서니 라빈스는 "위기의 순간에나 호시절에나 항상 변함없는 신념을 유지해야 한다"라고 말했다.

에머슨은 이렇게 말했다.

"강한 신념은 위대하고 고귀한 인물임을 증명해주는 가장 확실한 지표이다. 그렇기 때문에 위대한 성공을 거둔 사람들은 환경이 변한다고 해서 목표나 초심이 흔들리지 않는다. 이들은 끝까지 도전하여 장애를 극복하고 목표를 달성한다."

한 사람의 인품을 평가할 때 가장 좋은 방법은 그 사람이 실패를 겪은 후 어떻게 행동하는지를 살펴보는 것이다. 실패하고도 더 많이 계획하고 목표를 세우고 끊임없이 지혜를 발휘할 수 있는가? 새로운 지혜를 만들어낼 수 있는가? 더 큰 잠재력을 끌어낼 수 있는가? 실패한 후에 확고한 결단력을 보여주는가, 아니면 풀이 죽고 상심하는가?

쓰러지더라도 다시 일어서면 실패를 성공으로 바꿀 수 있다. 역사상 위대한 인물들은 모두 이런 과정을 거치면서 성공했다.

어린 아이에게 "넌 어떻게 스키를 배웠니?"라고 물어보았다. 아이는 "음, 넘어지면 일어서고, 일어섰다 또 넘어지고 그러면서 배웠어요"라고 대답했다. 한 개인의 성공, 군대의 승리는 모두 이런 정신이 있어야 가능하다. 넘어진 것이 곧 실패는 아니다. 그러나 다시 일어나 도전하지 못하면 그것은 완벽한 실패가 된다.

사람들은 자신의 과거를 돌아보며 커다란 고통과 좌절의 역사라고 생

You may be disappointed if you fail, but you are doomed if you don't try.

실패하면 실망할 지도 모른다. 그러나 시도도 안하면 불행해진다.

각한다. 그래서 과거를 회상하면서 자신의 인생은 늘 실패의 연속이었고 애써 노력했지만 아무것도 이루지 못했다고 생각하기 쉽다. 자기가 애초 성공하기를 바랐던 일은 모두 실패로 끝났고, 사랑하는 가족과 친구는 모두 멀어졌다. 실직하거나 사업에 실패하거나 그 외에 여러 이유로 더 이상 가정을 유지할 수 없게 된 사람들은 자신에게는 어두운 미래뿐이라고 말한다. 그러나 승리는 어떤 시련과 불행에도 무릎 꿇지 않고 끝까지 도전하는 사람의 것이다.

실패는 한 사람의 인격을 평가하는 시험 무대이다. 철저히 실패하고 몸 밖에 남은 것이 없는 사람은 얼마나 큰 잠재 능력을 가지고 있을까? 다시 도전할 용기를 잃고 스스로 패배자임을 인정한다면 그 사람의 잠재 능력은 영원히 빛을 볼 수 없다. 두려움 없이 용감하게 전진하고 절대 포기하지 않는 사람은 실패를 통해 더 큰 성공과 위대한 업적을 이룬다.

어떤 사람들은 이미 여러 번 실패했기 때문에 다시 도전해도 소용없을 것이라고 생각한다. 이렇게 스스로 포기하는 것은 곧 자신을 버리는 행위이다. 끝까지 포기하지 않는 강한 의지를 지닌 사람은 성공이 아무리 멀리 있어도, 혹은 아무리 많은 실패를 경험하더라도, 결국 최후의 승리자가 될 수 있다.

찰스 디킨스의 소설에 나오는 구두쇠 스크루지는 처음에는 돈을 목숨보다 소중히 여기고 단돈 1원도 아까워 쓰지 못하는 아주 매정한 사람이었다. 그는 돈 외에는 아무것도 관심이 없었다. 그러나 그는 하루아침에 아낌없이 베푸는 후덕한 자선가가 되었다. 그는 넓은 마음으로 진심으로 타인을 사랑할 줄 아는 사람이 되었다. 디킨스의 소설은 진실성이 생명이다. 그의 소설 속에 나오는 주인공들은 우리 주변에서 흔히 볼 수 있는 평범한 사람들이다. 그렇기 때문에 우리 마음에 더 깊은 감동을 준다.

인간의 본성도 바뀔 수 있는데, 사람이 하는 일을 왜 바꿀 수 없겠는가? 실제로도 이런 예는 무수히 많다. 많은 사람이 실패 후에 다시 일어선다. 실패 앞에서 절대 상심하지 않고 불굴의 정신으로 끊임없이 투쟁하여 성공을 이룬다.

비록 자신이 가지고 있던 전 재산을 잃었다 해도 인생의 실패자가 된 것은 아니다. 여전히 불굴의 의지와 강한 정신력을 지니고 있다면 이것을 바탕으로 다시 성공할 수 있다.

정말 위대한 사람은 모든 성과와 실패 앞에 담담하다. '물질적인 것에 기뻐하지 말고, 자신의 불행 때문에 슬퍼하지 말라'라는 말처럼 아무리 큰 좌절 앞에서도 냉정을 잃지 않는다면 반드시 성공할 수 있다. 갑작스럽게 충격적인 일을 당하면 정신이 나약한 사람은 그 자리에 주저앉아 최후의 심판을 기다리지만, 강한 의지력의 소유자는 다시 일어나 더 힘차게 도전한다. 그래서 의지가 강한 사람은 시련이 크면 클수록 더 큰 성공을 이뤄낸다.

실패는 더 높은 고지로 오르기 위한 발판이다. 역사 속의 위대한 인물들이 최후의 승리를 이끌어낼 수 있었던 이유는 그들이 수없이 실패하고 수없이 도전했기 때문이다. 큰 실패를 겪어보지 않은 사람은 큰 성공이 무엇인지 알지 못한다. 실패를 통해서만 더 큰 용기와 과감한 결단력을 얻을 수 있다.

뛰어난 능력을 갖춘 사람도, 위대한 업적을 이룬 사람도, 실패를 경험해보지 않은 사람은 없다. 우리는 실패를 통해 다양한 경험과 교훈을 얻을 수 있다. 이런 경험과 교훈이 쌓여 우리는 더욱 성숙해지고 발전할 수 있다. 실패를 인정하지 않으면 영원히 발전할 수 없다. 실패와 좌절 앞에서 객관적 원인을 따지고 남을 원망하는 동안 우리는 또 다른 실패와 불행의 소용돌이에 빠진다. 실패를 두려워하지 말라. 두 번 다시 도전하지 못하는 것이 진정한 실패이다.

40
인생의 불평불만을 제거하라

생명은 아름답고 위대하다. 가난하고 불행한 상황에 처했다고 해서 하늘을 원망하거나 남 탓만 할 것이 아니라 끝까지 포기하지 않고 삶의 지혜를 발휘해야 한다. 적극적인 자세로 모든 어려움을 이겨낸 사람만이 눈부시게 빛나는 황금 같은 존재가 될 수 있다. 세상은 공평하다. 스스로 노력하여 얻은 빛은 하늘도 가릴 수 없다.

젊은 목사가 오랫동안 교회에 나오지 않고 있는 신자를 찾아갔다.

신자가 말했다.

"교회 사람들은 너무 시끄러워요. 꼭 다른 사람을 끌어들이려 하고, 옳으니 그르니 말들이 너무 많아요. 만약 교회가 시끄럽지 않고 조용해진다면 나도 교회에 나가겠습니다."

목사는 딱히 할 말이 없었다. 목사 스스로도 교회 사람들은 말이 많다고 생각했기 때문이다. 언제부터 그랬는지는 알 수 없지만 분명히 그랬다. 목사는 실망한 표정으로 교회로 돌아가 경험 많은 목사에게 도움을 청했다.

이번에는 그 목사가 신자를 찾아갔다. 신자는 지난번에 했던 말을 그대로 되풀이했다.

"만약 교회가 시끄럽지 않고 조용해진다면 교회에 나가겠습니다."

목사는 신자의 말을 듣고 허허 웃으며 말했다.

"당신은 그런 교회를 본 적이 있습니까? 만약 그런 교회가 있다고 해도 나는 당신에게 그 교회에 나가지 말라고 하고 싶습니다."

"왜 그렇습니까?"

신자의 물음에 목사는 대답했다.

"당신이 가면 그 교회가 당신처럼 될 테니까요."

살다 보면 뜻대로 되지 않는 일들이 분명히 있다. 보통 사람들은 이럴 때 불평불만을 터뜨린다. 불평 그 자체가 꼭 나쁜 것은 아니지만 불평을 늘어놓다 보면 불쾌한 감정에 휩싸이기 십상이다. 이야기 속의 신자는 교회 사람들이 말이 많다고 불평을 늘어놓았다. 그것은 분명한 사실이다. 그러나 한 가지 단점에만 집착하고 있었다. 이렇게 한 가지 사소한 단점만 지나치게 부각시키면 이면에 숨겨진 장점을 보지 못한다.

마야는 작은 상점을 운영하는 할머니와 함께 아칸소 주에 살고 있다. 가게에 들어온 손님이 세상에 대한 불평불만을 늘어놓기 시작하면 할머니는 항상 마야를 불러 옆에 앉히고는 알아들을 수 없는 이상한 말들을 중얼거린다. 마야는 할머니가 시키는 대로 그저 가만히 앉아 있곤 했다.

할머니는 단골손님에게 항상 먼저 인사를 건넸다.

"오늘은 어때? 토마스는?"

손님은 길게 한숨을 내쉬며 말했다.

"뭐, 별로요. 그냥 그렇죠, 허드슨 누님. 난 오늘처럼 이렇게 더운 날씨가 정말 싫어요. 정말 짜증나 죽겠다고요. 자다가도 얼마나 뒤척였는지 몰라요. 정말 미치겠다니까요."

그러면 할머니는 팔짱을 끼고 무표정한 얼굴로 혼자서 뭐라고 중얼거린다. 그러면서 마야에게 눈을 깜빡인다. 할머니는 그렇게 중얼거리면 방금 들었던 불평들이 입을 통해 빠져나간다고 믿었던 것이다.

한번은 어떤 사람이 할머니 앞에서 불평을 늘어놓았다.

"이제 이렇게 땅 파먹고 사는 것도 지겨워 죽겠어요. 먼지 뒤집어쓰는 것도 하루 이틀이지. 저놈의 노새는 고집이 얼마나 센지 말도 들어먹지 않고. 정말 한 번도 제대로 말을 들은 적이 없다니까. 정말 미치겠어. 난 정말 이제 더 이상 이 일은 안 할 거야. 손발은 물론이고 온몸 구석구석 쑤시지 않는 데가 없어. 요즘엔 눈도 침침해지고 항상 코가 근질거려. 정말 못 참겠다고!"

할머니는 늘 그렇듯 팔짱을 끼고 무표정한 얼굴로 뭐라고 중얼거렸다. 그리고는 마야를 쳐다보며 고개를 끄덕였다.

이렇게 불평불만을 늘어놓던 사람들이 가게에서 나가면 할머니는 마야를 불러 매번 똑같은 말을 되풀이한다.

"얘야, 너 방금 저 사람이 불평하는 말들을 들었니? 너도 들었어?"

마야가 그렇다고 고개를 끄덕이면 할머니는 다시 이렇게 말한다.

Weakness of attitude becomes weakness of character.
나약한 태도는 성격도 나약하게 만든다.

"애야, 매일 밤 달콤한 잠자리에 드는 사람 중 일부는 영원히 다시 깨어나지 못한단다. 그렇게 영원히 세상과 이별하는 사람이 어떤 사람들인 줄 아니? 흑인일 수도 있고 백인일 수도 있고 부자일 수도 있고 가난뱅이일 수도 있지만, 이들에게는 공통점이 있단다. 이들에게는 따뜻하고 포근한 침대가 차가운 관이 되고 이불은 수의가 된단다. 그리고 더 이상 거지 같은 날씨와 말 안 듣는 노새 때문에 불평을 늘어놓을 수 없게 되는 것이지. 불평으로는 어떤 슬픔과 고통도 막을 수 없단다. 불평불만은 아무런 도움이 되지 않는단다."

모든 일에는 장단점이 있게 마련이다. 지금 안 좋은 일이 생겼다면 '어떻게 해야 이 상황을 통해 경험을 쌓고 교훈을 얻어 더 큰 발전의 발판으로 삼을 수 있을까?'라고 생각해보자. 항상 불평불만을 늘어놓을 뿐 아무런 노력도 하지 않는 사람은 영원히 육체적·정신적 괴로움에서 벗어날 수 없다.

한 젊은이가 자신에게는 기회가 오지 않는다면서 괴로워하고 있었다.

어느 날 젊은이는 하느님에게 "운명은 왜 이렇게 나에게만 잔인한 것입니까?"라고 물었다. 하느님은 아무런 대답도 하지 않고는 다만 조용히 작은 돌멩이 하나를 주워 자갈밭으로 던졌다. 그러고는 "내가 방금 던진 돌을 찾아보아라"라고 말했다.

젊은이는 자갈밭에 들어가 그 돌멩이를 찾으려 했지만, 똑같은 돌멩이가 너무 많아 어느 것이 방금 던진 것인지 분간할 수 없었다. 그때 하느님이 자신이 끼고 있던 반지를 빼서 자갈밭으로 던졌다. 그리고 다시 젊은이에게 그 반지를 찾아오라고 말했다. 젊은이는 아주 쉽게 반지를 찾아냈다. 그 반지는 반짝반짝 빛나는 커다란 금반지였기 때문에 자갈밭에 떨어져 있어도 아주 눈에 잘 띄었던 것이다.

하느님은 더 이상 젊은이에게 아무 말도 하지 않았지만, 젊은이는 하느님의 뜻을 헤아릴 수 있었다. 젊은이는 자신이 아직 보잘것없는 돌멩이에 지나지 않는다는 것을 깨달았다. 하느님의 금반지처럼 반짝반짝 빛나도록 자신을 연마하지 않고서는 하늘이 불공평하다고 불평할 수 없다는 것을 알았다.

하느님은 절대 한 사람에게만 많은 행운을 주지 않는다. 어떤 사람들은 딱 한 번 좌절을 겪었을 뿐인데도 하늘이 너무 불공평하다고 불평한다. 그런데 자신의 문제점이 무엇인지는 전혀 알지 못한다. 금반지처럼 눈부신 빛이 나도록 자신을 연마했는지 스스로에게 물어보라.

걱정을 하나 줄이고 희망을 하나 늘려라. 불평을 하나 줄이고 용기를 더 키워라. 증오심을 줄이고 사랑을 키워라. 불평불만을 늘어놓고 남을 원망한다고 뭐가 달라지겠는가? 복잡하고 어지러운 이 세상을 살아가다 보면 때로는 처참하고 때로는 분노할 수밖에 없는 좌절과 시련을 피할 수 없다. 그러나 이 모든 좌절과 시련은 절대 고통이 아니라 하느님의 선물이다. 하느님은 우리가 더 가치 있는 인생을 살 수 있도록 우리를 훈련시키는 것이다. 누구나 인생을 시작할 때는 아주 순수한 상태에서 시작한다. 마치 다듬지 않은 옥처럼 거칠고 광택도 없다. 부지런히 갈고닦아야만 깊고 은은한 광채를 낼 수 있다.

41
미소로 성공을 사로잡아라

오직 사람만이 웃을 수 있다. 식물도 상처가 나면 피를 흘리고, 동물도 고통스럽거나 배가 고프면 슬프게 울부짖는다. 그러나 웃음은 사람의 전유물이다. 기뻐서 웃는 웃음, 행복해서 웃는 웃음, 재미있어서 웃는 웃음, 통쾌해서 웃는 웃음 등등 사람은 원하면 언제든 웃을 수 있다.

다음의 발췌문을 읽어보자.

나는 웃음으로 오늘을 장식하겠다. 나는 노랫소리로 어두운 밤을 환히 비추겠다. 나는 더 이상 행복을 찾아 힘들게 헤매지 않겠다. 나는 바쁘게 일하며 슬픔을 잊겠다. 나는 오늘의 행복을 최대한 즐길 것이다. 오늘의 행복은 냉장고에 보관할 수 있는 음식이 아니다. 오래될수록 맛과 향이 좋아지는 포도주도 아니다. 나는 미래를 위해 살지 않겠다. 오늘 뿌린 씨앗은 오늘 거두어들이겠다.

다빈치의 명작 〈모나리자〉가 많은 사람의 마음속에 자리 잡고 있는 이유는 뛰어난 그림 솜씨 때문만은 아닐 것이다. 사람들은 모나리자의 미소를 잊지 못하는 것이다. 미소의 힘이란 도대체 얼마나 대단할까? 〈모나리자〉가 탄생하기 전 이 우아한 미소를 지닌 귀부인은 사랑하는 가족을 잃은 지 얼마 되지 않아 매우 고통스러운 상황이었다고 한다. 그러나 그녀의 작은 미소는 수백 년 동안 수많은 사람에게 커다란 감동과 용기를 선사했다. 이것이 바로 미소의 힘이 아닐까?

미소는 세상의 모든 진실을 빛나게 해준다. 미소를 지으면 실패는 다시 꿈과 이상으로 변할 것이며, 성공은 더욱 깊은 가치와 진실의 빛을 발할 것이며, 사악함은 점차 힘을 잃어갈 것이다. 또한 선량함은 더욱 강한 힘을 발휘할 것이다.

당신이 미소와 웃음으로 주변 사람에게 감동을 준다면 비록 그 안에 사적인 의도가 들어 있더라도 상대방은 거부감 없이 당신을 받아들일 것이다. 그러나 당신이 찌푸린 얼굴로 주변 사람을 대하면 당신 주변에는 아무도 남아 있지 않을 것이다.

누군가에게 상처 입거나, 일이 뜻대로 되지 않을 때, 사람들은 대부분 눈물을 흘리거나 욕을 하거나 저주를 퍼부을 뿐 절대 웃지 않는다. '나는 웃음이 내 뼛속에 스며들 때까지 계속해서 웃고 또 웃을 것이다. 그리하여 영원히 아름다운 영혼을 지켜낼 것이다'라는 말도 있다.

수많은 명사가 남긴 명언 중 모든 어려움을 이겨내고 평온한 삶을 유지할 수 있게 해주는 데 아주 탁월한 효과가 있는 것이 있다. '모든 일은 과거가 된다'라는 말이다.

세상의 모든 일은 결국 과거가 된다. 이 말은 특히 정신적으로 고통받고 있는 사람들에게 큰 위로가 된다. 또한 작은 성공으로 우쭐해 있는 사람에게 경각심을 일깨워줄 수도 있다. 갑자기 경제적으로 어려워지거나 혹은 모든 부귀영화를 누리고 있을 때도 '모든 일은 과거가 된다'라는 말을 떠올려보라.

그렇다. 아주 먼 옛날 피라미드를 쌓았던 사람들은 이미 고인이 되어 차가운 돌무더기 아래 묻혀 있다. 그리고 피라미드도 언젠가는 모래사막에 묻혀버릴지 모른다. 세상 모든 일은 다시 원점으로 돌아가게 마련이거늘, 왜 사소한 일 때문에 괴로워하는가?

오늘부터 행복할 때만 눈물을 흘리기로 하자. 슬픔, 원한, 좌절의 눈물은 아무런 가치도 소용도 없다. 행복한 웃음만이 우리를 풍요롭게 해줄 수 있다. 지금이라도 늦지 않았다. 당장이라도 웃기 시작하면 이 세상이 얼마나 아름다운지 깨닫게 될 것이다.

일상생활 중에서 "안녕하세요?", "난 네가 좋아", "당신은 정말 너무 재미있어요", "당신을 만나서 정말 기뻐요" 하면서 미소를 지어보라. 그러나 가식적인 웃음은 어느 누구에게도 통하지 않는다. 가식적인 웃음은 기계적이고 역겨운 느낌을 준다. 상대방의 마음을 따뜻하게 해주는 진심에서 우러나오는 진실한 웃음만이 그 위대한 힘을 발휘할 수 있다.

카네기는 지금까지 수많은 사회인에게 새로운 인생을 만들도록 용기를 북돋워주었다. 카네기 교육 프로그램에서는 처음 1주일 동안 항상 주변 사람들에게 억지로라도 미소를 지어보라고 가르친다. 그리고 1주일 후 수강생들은 강의실에 모여 1주일 동안의 결과를 발표한다. 과연 어떤 결과들이 있었을까?

많은 사람의 경험 중 여기에서는 뉴욕 증권거래소에서 일하고 있는 윌리엄이 보내온 편지를 소개하고자 한다. 윌리엄의 편지는 미소가 얼마나 큰 힘을 가지고 있는지 보여주는 대표적인 예이다.

나는 결혼하고 18년 동안 아침에 일어나서 출근하기 전까지 아내 앞에서 한 번도 미소를 지어본 적이 없었습니다. 미소는 고사하고 거의 말도 하지 않았습니다. 나는 정말 이 도시에서 가장 답답하고 재미없는 사람이었습니다.

귀하의 교육 프로그램에서 미소와 관련된 경험을 발표해야 한다고 했기 때문에 나는 1주일간 한번 제대로 실험해봐야겠다고 결심했습니다. 다음날 아침 나는 머리를 빗으면서 거울에 비친 어두운 내 얼굴을 보며 '오늘 나는 이 얼굴에 가득 찬 근심을 싹 쓸어버릴 것이다. 이왕 미소를 짓겠다고 마음먹었으니 지금 당장 시작하겠다'라고 생각했습니다. 아침을 먹으려고 식탁에 앉으면서 아내에게 "잘 잤어, 여보?"라고 아침 인사를 건네며 미소를 지어 보였습니다.

당신은 그녀가 분명 크게 놀랄 것이라고 말했었지요? 하지만 당신은 내 아내가 보일 반응에 대해 과소평가했습니다. 아내는 그냥 놀란 정도가 아니라 눈앞의 현실을 도무지 믿을 수 없다는 표정이었습니다. 나는 그런 아내에게 앞으로 이런 상황에 익숙해져야 할 것이라고 말하면서 다시 한 번 미소를 지었습니다. 그날 이후 두 달이 지난 지금 우리 집은 그 어느 때보다 큰 행복을 누리고 있습니다.

나는 출근할 때 아파트 엘리베이터를 손보고 있는 관리인에게 미소를 지으며 "좋은 아침입니다"라고 말했습니다. 또 경비에게도 미소를 지으며 인사를 건넸습니다. 그리고 전철역 매표원이 잔돈을 거슬러줄 때에도 미소를 지었습니다. 직장에 도착한 후에는 내가 웃는 모습을 단 한 번도 본 적이 없는 내 주변 사람들에게 일일이 웃어주었습니다.

나는 내가 웃음을 지으면 상대방도 반드시 나에게 똑같이 웃어준다는, 당연하고도 아주 중요한 사실을 그제야 깨달았습니다. 나는 아주 즐거운 마음으로 불만 가득한 고객들을 맞이했습니다. 나는 고객들의 불만 사항을 들으면서도 웃음을 잃지 않았습니다. 그 결과 모든 문제가 생각보다 쉽게 해결되었습니다. 나는 미소가 금전적인 이익까지 줄 수 있다는 사실에 더욱 고무되었습니다. 그날 이후 나는 더 많이 웃었고 더 많은 돈을 벌 수 있었습니다.

나와 같은 사무실을 쓰고 있는 동료는 주변 사람들에게 매우 인기가 좋은 젊은 증권 중개인입니다. 나는 그에게 최근 배운 인생철학에 대해, 그리고 그 결과로 얻은 많은 것을 이야기해주었고, 지금 정말 행복하다고 말해주었습니다.

그 역시 나의 말에 동의했습니다. 그는 처음 나를 만났을 때 내가 꼭 우울증 환자 같았다고 말했습니다. 물론 최근에는 생각이 완전히 바뀌었고 했습니다. 그는 내가 미소를 지을 때 내 얼굴에 온화한 기운이 가득하다고 했습니다.

이제 나는 남들을 비판하던 습관을 고쳤습니다. 지금 나는 주변 사람들

The human race has one really effective weapon, and that is laughter.

인류에게는 정말로 효과적인 무기가 하나 있다. 바로 웃음이다.

에게 좋은 말이나 칭찬만 할 뿐 절대 남을 무시하는 말들은 하지 않습니다.

이 모든 것은 내 삶을 완벽하게 바꾸어놓았습니다. 나는 완전히 새로운 사람이 되었으며 내 삶은 아주 행복하고 풍요로워졌습니다. 나는 우정과 행복을 모두 얻었습니다. 이 모든 것은 내게 아주 소중한 것들입니다.

이 편지의 주인공은 전 세계 어디에서나 흔히 볼 수 있는 평범한 직장인이다. 특히 뉴욕 증권거래소는 처음 일자리를 얻기도 힘들뿐더러 그 안에서 성공하기도 힘들다. 이 일에 도전하는 100명 중 99명은 실패한다. 그러나 윌리엄은 미소로 성공을 만들어냈다.

뉴욕의 한 백화점 인사부장은 "우리는 고등학교도 제대로 졸업하지 못했더라도 웃는 얼굴이 아름다운 사람을 채용한다. 아무리 박사학위를 가진 사람이라도 얼음장처럼 차갑고 경직된 얼굴을 하고 있는 사람은 절대 채용하지 않는다"라고 말했다.

또한 과거 미국의 유명한 프로야구팀 세인트루이스 카디널스의 3루수에서 현재 미국에서 가장 성공한 보험 세일즈맨으로 변신한 프랭크 베드거는 이렇게 말했다.

"수년 전 나는 항상 미소를 잃지 않는 이는 영원히 사람들에게 사랑받는다는 사실을 깨달았습니다. 그래서 나는 고객의 사무실에 들어가기 전에 잠시 걸음을 멈추고 이 고객을 미소 짓게 할 방법이 무엇일까를 생각합니다. 그리고 진심에서 우러난 미소를 지으며 고객의 사무실로 들어가면 아주 쉽게 일이 해결됩니다."

프랭크는 이 방법이 그가 보험 세일즈로 성공하는 데 가장 큰 도움을 주었다고 믿었다.

출판사 로이크로프트의 설립자이자 경영인이었던 엘버트 허버드는 이렇게 말했다.

"밖에 나갈 때는 턱을 안으로 당기고 머리를 꼿꼿이 세운 다음 숨을 크게 들이마셔라. 햇살을 바라보며 친구를 미소로 맞이하고, 악수를 할 때는 진심을 보여줘라. 오해받을 것을 두려워하지 말고, 적에 대해 생각하느라 일분일초도 낭비하지 말라. 무엇을 하고 싶은지 마음속에 확실히 정해두어라. 목표를 정했으면 옆길로 새지 말고 곧장 목표를 향해 전진하라. 위대하고 찬란하고 싶었던 일들에 대해 생각하라. 그러면 시간이 흘러가면서 자기도 모르는 사이에 원하는 것을 이루기 위해 필요한 기회가 내 손에 들어와 있음을 깨닫게 된다. 이는 마치 산호충이 밀려오는 파도 속에서 자신에게 필요한 것을 얻는 것과 같다. 자신이 되고 싶어하는 유능하고 정직하고 성실한 사람을 마음속으로 그려보아라. 내 머릿속의 생각은 시간이 흐르면서 나 자신을 그런 사람으로 만들어준다. 가장 중요한 것은 생각이다. 바른 인생관을 세워야 한다. 용기 있고 정직하고 행복한 자세를 지녀야 한다. 올바른 생각은 곧 모든 희망과 바람을 현실로 만들어준다. 또한 모든 진실한 기도는 반드시 이루어진다. 우리는 우리가 마음먹은 그대로 만들어낼 수 있다. 턱을 안으로 당기고 머리를 꼿꼿이 세워라. 우리가 바로 미래의 신이다."

미소를 잃지 않으면 영원히 가난해지지 않는다. 미소는 하늘이 준 소중한 선물이다. 미소와 웃음은 성공을 만들어낸다. 따라서 즐겁게 웃으며 일하는 사람은 반드시 자신이 원하는 결과를 얻을 수 있다. 반대로 미소와 웃음이 없는 사람은 절대 성공할 수 없다. 즐거움은 우리 삶의 조미료이다. 성공하고 싶다면 먼저 즐거워지는 방법을 연구하고 항상 웃어라. 웃음은 성공의 동반자이다.

42
성공했을 때 이성을 잃지 말라

중국 최대 가전 회사 하이얼 회장 장루이민은 『노자』 13장 구절을 가장 좋아한다.

'은총이나 모욕은 모두 두려움의 대상이다. 커다란 근심을 내 몸처럼 소중히 여겨라.'

이것은 '사람은 은총과 모욕을 무서워하고 두려워할 줄 알아야 한다. 모든 문제의 핵심은 대부분 자신에게 있다'라는 뜻이다.

장루이민은 이 구절을 통해 큰 감동과 교훈을 얻었고 성공을 만들어냈다. 그는 1999년 5월 4일 칭다오시위원회의 요청으로 청소년을 위한 인터넷 사이트에 이런 인사말을 적었다.

'성공했을 때 이성을 잃지 말고, 실패했을 때 추태를 보이지 말라.'

이것은 장루이민이 노자 사상에 영향을 받아 만들어낸 명언이다.

성공했을 때 이성을 잃지 말고, 실패했을 때 추태를 보이지 말라. 이 말은 장루이민의 행동철학이었고, 그는 실제로 이것을 실천했다.

1997년 미국의 가전 제품 전문 잡지 〈어플라이언스〉는 전 세계에서 가장 성장률이 높은 가전업체를 발표했는데, 중국의 하이얼이 미국의 제너럴 일렉트릭, 독일의 지멘스와 같은 세계 유수업체를 제치고 1위에 등극했다. 1998년 11월, 영국의 〈파이낸셜 타임스〉는 아시아태평양 지역 최고 기업을 평가하는 기사에서 하이얼을 7위로 뽑았다. 하이얼은 중국 기업 중 유일하게 10위 안에 들었다. 2000년 5월, 미국의 글로벌 경영컨설팅 전문업체 A. T. 커니와 〈포춘〉이 함께 선정한 세계에서 경영 상태가 가장 우수한 기업에 하이얼이 뽑혔는데, 이는 아시아태평양 지역의 기업 중 유일하게 순위권에 드는 쾌거였다. 2001년 8월, 미국의 비즈니스 잡지 〈포브스〉는 2000년 판매량을 바탕으로 세계 백색가전 브랜드 선호도를 조사했는데, 하이얼이 당당히 6위를 차지했다. 2001년 2분기, 가전업계에서 가장 영향력 있는 전자전기 전문 잡지 〈어플라이언스 매니팩처러리〉가 세계 10대 가전 제조업체를 선정했는데, 하이얼그룹이 9위에 올랐고, 1위는 미국의 월풀사였다. 10대 기업 중 미국 기업이 세 개, 유럽 기업이 두 개, 일본 기업이 한 개였고, 중국 기업으로는 유일하게 하이얼이 순위에 올랐다.

이렇게 하이얼이 거둔 놀라운 성과는 장루이민 회장의 근면과 성실의 결과였다. 이것이 바로 수많은 중국인이 장루이민 회장을 존경하고 사랑하는 이유이다.

1998년 3월, 장루이민은 하버드대학교의 초청을 받아 '하이얼 기업문화 특징-기절한 물고기 소생법'이라는 주제로 직접 교재를 만들어 동 대학 경영대학원 강단에 섰다. 그는 중국 기업가 최초로 하버드 강단에 선

인물로 기록되었으며, 이는 중국 기업의 성공 사례가 최초로 하버드대학교의 교재가 되었다는 점에서 매우 기념비적인 일이었다.

1999년 12월, 영국의 〈파이낸셜 타임스〉가 뽑은 세계에서 가장 존경받는 경영자 30인에 장루이민은 당당히 26위로 그 이름을 올렸다. 이것은 중국 기업인이 세계 무대에서 얻은 최고의 영예였다.

2000년 10월, 장루이민은 스위스 로잔 국제경영대학원에서 '하이얼 경영혁신'이라는 주제로 강단에 섰고, 다시 한 번 국제 경영인 사이에 큰 반향을 일으켰다. 그는 로잔 국제경영대학원 강단에 선 최초의 아시아 기업가로 기록되었다.

2001년 7월, 장루이민은 〈포브스〉의 표지를 장식했고, '중국에서 세계로, 기세등등한 하이얼, 중국의 다국적기업이 만들어낸 국제 브랜드'라는 제목의 기사로 전 세계에 하이얼을 알렸다.

누가 보더라도 장루이민의 성공은 대단하다. 지금 그는 이미 수많은 사람에게 존경과 사랑을 한 몸에 받고 있다. 그런데 장루이민이 성공했다고 해서 이성을 잃었는가? 아니다. 그는 바로 성공했을 때 두려워할 줄 아는 자세를 확실히 지켰다. 장루이민은 한 기업의 경영자는 훌륭한 심신 수양을 거쳐야 한다고 생각했다. 그런 다음 사회적 책임을 다하기 위해 '의리'를 지키면서 기업을 발전시켜야 한다고 생각했다.

장루이민은 충분히 잘난 척해도 좋을 만큼 대단한 성공을 이루었지만, 단한 번도 자신의 성공을 뽐내거나 득의만만한 적이 없었다. 장루이민은 탁월한 경영 실적을 기록했음에도 불구하고 이렇게 말했다.

"만약 조금이라도 만족스럽거나 조금이라도 자만해졌다고 생각한다면 그 즉시 새로운 마음을 다잡아야 한다. 그렇지 않으면 하이얼이라는 이름은 지구상에서 하루아침에 사라질 것이다."

장루이민 역시 보통 사람들처럼 실패를 경험했다. 그러나 그는 실패했을 때 추태를 보이지 않았다. 장루이민이 147만 위안의 적자를 기록하여 곧 도산할 운명에 놓여 있는 칭다오 냉장고 총공장장에 취임했을 당시, 그의 심정이 과연 어떠했을까?

장루이민은 당시의 상황을 이렇게 기억하고 있다.

"나는 천구백팔십사 년 십이월, 하이얼을 처음 만났습니다. 나는 그해의 네 번째 공장장이었습니다. 그렇다고 해서 세 명의 전 공장장이 아무것도 하지 않고 멍하니 앉아만 있었던 것은 아닐 터였습니다. 나는 공장장이 자꾸 교체되는 공장에 가고 싶지 않았지만 당시 칭다오 가전회사 부총리였던 내가 아니면 갈 사람이 없었습니다. 칭다오 공장에서 처음 나를 맞이한 것은 쉰세 장의 전근 신청서였습니다. 원래 출근 시간은 여덟 시였는데 아홉 시가 되어도 열 시가 넘어도 공장은 한산했습니다. 작업장에 수류탄을 던져도 개미 새끼 한 마리 죽지 않을 정도였습니다. 공장 안에는 비포장된 진흙길밖에 없어서 비가 오는 날에는 노끈으로 신발을 붙들어 매야 걸을 수 있었습니다. 보너스가 없다면 보너스제도를 만들면 되고, 제품이 없으면 만들어내면 되지만, 믿음이 없다면 아무것도 만들어낼 수 없습니다. 절대 최고가 될 수 없습니다."

그래서 장루이민은 공장을 전체적으로 정리해야겠다고 생각했다. 그는 공장 사람들이 반드시 지켜야 할 규칙을 제정했다. 그러나 규정이 너무 많으면 오히려 더 효과가 없기 때문에 우선 13개 조항만 만들었다. 제

1조는 작업장에서 대소변을 금지하는 것이었다. 이곳에서는 이렇게 가장 기본적인 사항조차 지켜지지 않고 있었으니 다른 것은 말할 것도 없었다. 그 외에 지각과 조퇴를 금지하고, 작업 시간에 음주 금지, 작업장에서 금연, 위반 시에는 담배 한 대당 벌금 500원 부과 등의 내용을 포함시켰다. 그중 가장 사람들의 눈길을 끈 것은 공장 비품을 개인적으로 가져가지 못하도록 하는 것이었다.

이 13개 조항을 발표한 후 아주 약간의 효과가 있었다. 일단 작업장 내에서 대변이 사라졌다. 그러나 소변을 보는 사람은 여전했다. 또한 마음대로 공장 비품을 가져가는 일도 근절되지 않았다. 장루이민은 공장 간부들에게 어떻게 해야 공장 비품을 가져가지 못하게 할 수 있는지 물었다. 그들은 문을 잠그라고만 말했다. 그러나 문은 잠글 수 있지만 모든 창문을 다 잠글 수는 없었다. 장루이민은 간부들에게 13개 조항을 종이에 써서 작업장 출입문에 붙이도록 했다. 그리고 이 조항을 위반할 시 강력한 조치가 있을 것이라는 공고도 함께 붙였다. 그런 후 모든 문과 창문을 활짝 열어놓고 경비원을 배치하여 물건을 가져가는 사람이 있는지 지키도록 했다. 뜻밖에도 다음 날 열 시쯤 한 직원이 목에 힘을 주고 당당히 작업장으로 걸어 들어오더니 상자 하나를 들고 나갔다. 장루이민은 열두 시쯤 간부들을 시켜 이 직원을 해고한다는 공고를 붙였다. 공장 직원들은 '새 공장장이 정말 한다면 하는 사람이구나'라고 생각하기 시작했다.

그러나 어떤 사람들은 장루이민을 '방탕아'라고 불렀다. 왜 그랬을까? 그는 취임한 후 대대적으로 시장조사를 실시하고 그 결과를 분석한 후 세탁기 시장을 과감히 포기하고 냉장고 시장에 전력투구하기로 결정했다.

We think too much and feel too little.

우리는 너무 많이 생각하고 너무 적게 느낀다.

그리고 새로운 제품을 생산하기 위해 일주일 동안 공장 안에 쌓여 있는 재고품을 모두 처리하여 창고를 깨끗이 비웠다. 공장에 자리만 차지하고 있던 쓸모없는 재고품들을 직원들에게 싼값에 팔아치운 것이다. 사람들은 이런 조치를 보면서 혀를 끌끌 찼다.

"저 방탕아는 그전 공장장들보다도 훨씬 뭘 몰라. 공장 재산을 전부 탕진해버렸으니, 방탕아가 아닌가?"

당시 사람들이 장루이민의 행동을 어떻게 생각했든지 간에 이것은 확실히 선견지명 있는 조치였다. 장루이민은 공장의 재산을 탕진해버린 것이 아니라 공장을 깨끗이 정리하고 더 크게 발전시키기 위한 기틀을 마련한 것이었다.

사람은 모든 일이 순조롭게 진행되면 기쁜 나머지 반드시 기억하고 주의해야 할 일들까지 잊어버리고 경계심을 놓는다. 그래서 성공을 눈앞에 두고 무너진다. 반대로 어려운 상황에 처하면 의지가 꺾여 스스로 포기해버린다. 성공을 위해서는 무엇보다도 득실에 연연하지 않는 평상심이 필요하다. 성공했을 때 이성을 잃지 말고, 실패했을 때 추태를 보이지 말라.

43

천천히 꾸준하게 노력하라

일찍이 프랭클린은 이런 말을 했다.

"귀중한 보물일지라도 갖다 놓는 자리에 따라서 폐품이 되기도 한다."

인생의 좌표 위에서 자신의 위치를 잘못 찾거나 단점만 가지고 좋은 결과를 얻으려고 한다면 뜻하는 바를 이룰 수 없을 것이다. 이는 무대랑(武大郎, 『수호전』에 나오는 인물로 지지리도 못나고 어리석은 사람을 비유할 때 씀)에게 최고의 인물이 되라고 닦달하여 결국 그를 영원한 패배의 고통에 빠지게 하는 것과 다름없다. 인격과 장점을 충분히 발휘할 수 있는 정확한 위치를 찾고 자신의 고유한 삶을 가꾸는 것, 이것이 바로 인생의 중요한 임무다.

학교 공부에서 언제나 낙제를 하던 콘웰이라는 소년이 있었다.

"콘웰은 공부랑은 잘 맞지 않아요. 이해력이 다른 아이들에 비해 현저히 떨어지거든요. 보통 학생이라면 쉽게 풀 수 있는 수학 문제도 콘웰은 굉장히 힘들어한답니다."

콘웰이 고등학교를 졸업할 때까지도 어머니가 담임선생님에게 이런 말을 들을 정도로 콘웰은 성적이 형편없었다.

선생님과 면담을 마친 콘웰의 어머니는 속이 너무 상했지만 콘웰이 좀 더 노력하면 충분히 다른 아이들과 비슷해질 것이라는 희망을 버리지 않았다. 그러나 불행히도 콘웰은 공부에 전혀 흥미가 없었다. 어머니가 실망할까 봐 가끔 공부를 해보려고 애썼지만 성적은 전혀 오르지 않았다. 특히 콘웰은 기억력과 이해력을 요구하는 과목은 아예 손도 못 댔다.

어느 날 콘웰은 시장 입구에서 한 조각가가 작업하는 모습을 보게 되었다. 그는 신기하다는 듯 눈을 크게 뜨고 조각가 앞에 쭈그리고 앉아 한참동안 그 모습을 지켜보았다. 며칠 뒤 콘웰의 어머니는 그가 나무 조각이나 돌덩어리만 보면 강한 집중력을 보인다는 사실을 알아챘지만 괜히 시간만 낭비하는 듯하여 걱정이 되었다.

조각가에게 깊은 인상을 받은 콘웰은 자신 역시 조각가처럼 영혼이 반영된 작품을 만든다면 정말 커다란 만족감을 얻을 수 있을 것이라고 확신했다. 그러나 자신의 결정에 그다지 달가워하지 않는 어머니를 보고 어쩔 수 없이 입시 준비를 계속했다. 하지만 콘웰은 마음속으로는 그 일을 포기하지 않았다.

어머니의 바람대로 그해 대학 입시를 치른 콘웰은 결국 지원한 모든 4년제 대학에 떨어졌다. 심지어 전문대학조차도 합격하지 못했다. 몹시 실망한 콘웰의 어머니는 더이상 그에게 공부를 강요하지 않기로 했다.

"콘웰, 네가 하고 싶은 대로 하렴. 내가 네 인생을 대신해서 살 수는 없으니까. 나도 이제는 너에 대한 욕심을 버리기로 했다. 이제 너도 다 컸으니 네가 선택한 일에 책임질 줄도 알아야 해."

콘웰은 어머니의 눈을 바라보는 순간 어머니의 눈 속에 비친 자신이 철저한 패배자라는 사실을 알고 몹시 괴로웠다. 결국 그는 자신의 길을 찾기 위해 고향을 떠나기로 결심했다.

몇 년 후, 콘웰의 고향에서 어느 유명인사를 기념하기 위해 광장에 조각상을 세우기로 결정했다. 이것은 무명 조각가들에게 부와 명예를 한꺼번에 안겨줄 세상에 둘도 없는 좋은 기회였다. 수많은 조각가가 자신의 이름이 새겨진 조각상이 선정되기를 바라는 마음으로 앞다투어 작품을 출품하였다. 마침내 유명인사의 조각상을 담당할 조각가가 결정되었고, 그 조각가는 사람들 앞에서 소감을 발표했다.

"이 조각상을 어머니께 바치고 싶습니다. 저는 항상 어머니께 실망만 안겨드렸어요. 지금 어머니께 말씀드리고 싶군요. 비록 대학에는 제 자리가 없었지만 바로 이곳에는 제 자리가 있다고……. 게다가 이 자리는 성공의 자리입니다. 오늘의 제 모습이 어머니께 기쁨이 되기를 바랍니다."

그 조각가는 바로 콘웰이었다. 많은 사람 틈에서 조용히 콘웰의 모습을 지켜보던 어머니는 감격의 눈물을 흘리며 좀 더 일찍 그에게 적합한 자리를 찾아주지 못한 자신의 어리석음을 후회했다.

"내 꿈은 가수가 되는 거야."

조니 캐시는 유년 시절부터 가수가 되고 싶어 했다. 그는 군 입대 후 처음으로 기타를 사서 기타 치는 법을 독학으로 깨치고, 노래 연습도 게을리하지 않앉으며, 스스로 작곡도 했다. 전역 후 조니는 가수의 꿈을 이루기 위해 열심히 노력했지만, 쉽지 않았다. 아무도 그의 노래를 원하지 않았고, 더욱이 텔레비전 음악 프로그램에 나가는 일은 상상도 못했다. 결국 조니는 가정집을 방문하여 생활용품을 파는 일로 겨우 생계를 꾸려나가야 했다. 그럼에도 단 한순간도 자신의 꿈을 잊지 않았고, 퇴근 후 집에 돌아오면 밤마다 노래 연습을 했다.

얼마 후 조니는 작은 밴드를 결성해서 교회나 파티에서 공연을 했다. 적은 관중이었지만 조니는 그들이 자신을 찾아주었다는 사실만으로도 감사했다. 몇 달이 지나고 드디어 조니는 음반을 발표했는데, 반응이 무척 좋았다. 수많은 팬이 그의 이름을 연호했으며 그의 음반은 높은 판매고를 기록했다. 조니는 부와 명예를 한꺼번에 거머쥐었다. 각 방송국 음악 프로그램에서는 조니의 밴드를 출연시키지 못해 안달이 날 정도였다. 자신의 꿈을 잊지 않고 꾸준히 노력한 덕에 성공을 거둔 것이다.

그러나 몇 년 후, 조니는 팬들에게 외면당하고 말았다. 크게 상심한 조니는 수면제를 먹어야 간신히 잠들 수 있었고, 각성제를 복용해야만 하루를 시작할 수 있었다. 그는 점차 악의 구렁텅이로 빠지더니 알코올중독, 신경안정제 과다 복용, 각종 환각제 복용으로 망가져갔다. 문란한 생활은 갈수록 심해졌고, 아예 자제력을 상실하기에 이르렀다. 철저하게 망가진 조니는 더 이상 무대에 오를 수 없었고, 감옥을 수없이 들락날락했다. 그러는 동안에도 그는 습관적으로 매일 100여 알의 약을 복용했다.

조니가 감옥에서 출소하던 날 새벽, 교도관이 그에게 말했다.

"조니 캐시, 당신에게 돈과 마약을 돌려주겠소. 난 당신이 스스로 해야 할 일을 자유롭게 선택할 수 있을 거라고 믿기 때문이오. 자, 당신의 돈과 마약이오. 바로 지금, 당신 스스로 이 약을 버리지 않으면 당신은 영원히 좌절의 구렁텅이에서 빠져나오지 못할 거요. 어떤 삶을 살 것인지 선택하는 것은 바로 당신 몫이오!"

조니는 한참 동안 아무 말도 하지 않았다. 그리고 몇 날 며칠을 집에 틀어박혀 그동안 살아온 시간을 되짚어보았다. 마침내 조니는 자신의 삶을 되찾기로 마음먹었다. 그는 먼저 자신의 능력에 대한 긍정적 마인드를 회복하였고, 그다음에는 성공적인 재기를 확신했다. 사실, 그의 재활치료를 담당한 의사조차도 회복을 장담하지 못했다. 약물중독은 쉽게 치유할 수 있는 것이 아니었기 때문이다. 의사가 조니에게 충고했다.

"약물을 끊는 것은 하느님을 만나는 것보다 어렵습니다."

의사의 말에도 조니는 자신의 의지를 꺾지 않았다. 그는 생각했다.

'그래, 하느님······. 난 이제부터 그분을 만나러 가는 거야.'

목표를 정한 조니는 그의 결심을 과소평가하는 사람들의 시선에도 아랑곳하지 않고 처음 가수가 되겠다고 결심했을 때처럼 제2의 인생을 위해 고군분투했다. 성공을 향한 조니의 두 번째 여정이 시작된 것이다.

그는 사람을 시켜 자기 방문을 폐쇄시키게 했다. 그리고 아무것도 없는 방 안에 스스로를 감금하고 모든 약물을 멀리했다. 이때부터 그는 크나큰 고통과 지독한 악몽을 견뎌내야 했다.

훗날 조니는 이때의 일을 회상하며 말했다.

"그때 나는 제정신이 아니었습니다. 마치 유리로 만든 커다란 구(球)가 제 몸속에 있는 것 같았어요. 날이 갈수록 그것은 점점 커졌고, 그러던 어느 날 갑자기 '뻥!' 하고 터졌지요. 그러자 수많은 유리 파편이 제 몸에 박힌 듯한 기분이 들더군요. 그때 제 눈엔 두 가지가 보였어요. 하나는 고통을 가라앉혀줄 마약이었고, 다른 하나는 목표를 향해 열심히 노력하는 제 모습이었습니다. 저는 두 번째 그림을 선택했어요. 그리고 결국 저는 신념으로 무시무시한 지옥에서 벗어날 수 있었습니다."

아무것도 없는 방 안에서 감금생활을 한 지 9주일이 지난 후 조니 캐시는 본래의 모습으로 되돌아왔고 더 이상 악몽을 꾸지 않았다. 그 후 그는 자신의 계획을 실현시키기 위해 더욱 열심히 노력했다.

몇 달 후, 조니 캐시는 다시 무대 위에 서서 노래를 불렀다. 끊임없이 노력한 끝에 마침내 진정한 가수로 다시 태어난 것이다.

엄청난 자산가인 미국의 석유왕이 그의 실습생에게 원대한 목표와 그에 부합하는 계획표를 짜주었다. 종이 위에 숫자만 써대는 석유왕을 보면서 실습생은 어리둥절하기만 했다. 석유왕은 뿌듯한 웃음을 지으며 종이 위에 수많은 숫자를 써내려갔다. 숫자가 커지면 커질수록 실행해야 할 계획도 점점 많아졌다.

'과연 내가 이 일을 모두 해낼 수 있을까?'

실습생은 많은 숫자가 빼곡히 적힌 계획표를 보자 자신의 능력이 의심되기 시작했다. 그는 자신도 모르게 중얼거렸다.

"절대 이 일을 다 해낼 수는 없어. 사실, 선생님도 내가 이 모든 계획을 실천할 수 있다고 생각하시지는 않을 거야."

Great minds have purposes, others have wishes.

위대한 이들은 목적을 갖고, 그 외의 사람들은 소원을 갖는다.

실습생의 혼잣말을 들은 석유왕이 말했다.

"내가 많은 재산을 모을 수 있었던 이유는 원대한 목표를 세웠기 때문일세. 물론 처음부터 목표를 이룰 수는 없지. 처음에는 과연 이 목표가 나와 어울리나, 하는 생각이 들기도 하지만 노력하다 보면 결국 목표와 닮아 있는 나를 보게 되지."

석유왕은 실습생을 채소밭으로 데리고 갔다. 채소밭에는 수많은 호박이 열려 있었고 그것들은 서로 비슷한 모양을 하고 있었다. 그런데 유독한 호박만 다른 호박들과 다르게 생긴 데다 크기도 보잘것없이 작았다. 그 호박은 홀로 유리병 안에 갇혀 있었다.

석유왕이 말했다.

"사람들이 실패하는 이유는 그저 보통 사람들보다 조금 나은 위치에 서면 그만이라고 생각하기 때문일세. 하지만 목표는 그 사람의 크기를 결정한다네. 즉, 사람들은 저마다의 목표에 근거하여 성장하지. 마치 유리병 속 호박이 유리병의 크기에 근거해서 성장한 것처럼 말이야. 유감스럽지만 사람들은 대부분 큰 목표를 생각하지 않네. 소박한 목표는 발전을 가로막고 성장을 제한하는데도 말이지. 만약 일 달러짜리 꿈을 원한다면 미래는 우리에게 단 일 달러밖에 주지 않네. 결코 길지 않은 삶이지만 그렇다고 '인생, 별거 있나?'라는 생각으로 가볍게 생각해서는 안 된다네."

빨리 걷는다고 해서 목적지에 먼저 도착하는 것은 아니다. 오히려 먼 곳에 가려면 한 발 한 발 쉬지 않고 천천히 발걸음을 내딛어야 한다. 삶은 시종일관 우리를 시험에 들게 한다. 시험에 대비하여 나태하거나 오만하지 않은 자세로 부단히 노력하는 사람만이 커다란 보상을 받을 수 있다.

44

진실과 성실로 성공하라

아버지가 세상을 떠나자 장남인 존은 집안을 돌보는 막중한 책임을 떠안아야 했다. 당시 그는 열여섯 살이었다.

존은 마을에서 최고 부자로 손꼽히는 법관 던을 찾아가 1달러를 요구했다. 예전에 던이 존의 아버지에게 외상으로 옥수수를 사고 여태 갚지 않은 돈이었다. 그러자 던은 존에게 1달러를 주면서 반격하듯 말했다.

"자네 아버지가 나한테 사십 달러를 꿔간 적이 있는데, 그건 언제쯤 갚을 생각인가? 자네는 제발 아버지를 닮지 않기를 바라네. 자네 아버지는 게을러서 한 번도 공들여 일을 한 적이 없었지."

그해 여름, 존은 매일같이 남의 밭일을 거들었다. 그리고 저녁 시간과 일요일에는 자신의 밭에서 일을 했다. 여름이 막바지로 접어들 무렵, 존은 여름 내내 모은 품삯 5달러를 법관에게 가져다주었다.

겨울이 되자 추운 날씨 탓에 일거리가 뚝 끊겼다. 존의 친구 서프가 겨울철에 돈을 벌 수 있는 아이디어를 귀띔해주었는데, 사냥해서 잡은 야생

동물의 가죽을 팔면 값을 꽤 받을 수 있을 거라고 했다. 그런데 당장 사냥을 하기 위해서는 총과 밧줄, 그물, 그리고 숲에서 겨울을 보낼 수 있을 만큼의 식량을 구입해야 했다. 할 수 없이 존은 던을 찾아가 자신의 계획을 상세히 설명한 뒤 75달러를 빌렸다.

존은 가족들과 작별 인사를 하고 서프와 함께 집을 떠났다. 식량 자루와 새로 산 총, 사냥 도구를 등에 멘 채였다. 모두 던에게 빌린 돈으로 장만한 것들이었다. 한참을 걸어간 끝에 존과 서프는 깊은 숲 속의 작은 오두막 앞에 다다랐다. 서프가 몇 년 전에 손수 지은 집이었다.

그해 겨울, 존은 많은 것을 직접 체험하고 배웠다. 야생동물을 어떻게 사냥하는지, 숲 속에서 어떻게 생존하는지를 하나하나 터득해나갔다. 숲은 그의 인내와 의지력을 끊임없이 테스트했다. 그 과정에서 그는 더욱 용감하고 굳세어져 갔다.

존은 겨우내 사냥에만 몰입하며 지냈다. 3월 초에 이르러 동물 가죽들을 켜켜이 쌓아놓고 보니 그의 키는 족히 넘을 듯했고, 서프는 그 정도면 적어도 200달러는 벌 수 있을 거라고 장담했다.

존은 슬슬 집으로 내려갈 채비를 했다. 그러나 서프는 4월까지 좀 더 머물 예정이라고 했다. 할 수 없이 존은 혼자 집으로 돌아가기로 결정했다. 서프는 동물 가죽과 사냥 도구들을 단단히 묶어서 존의 등에 얹어주며 당부했다.

"내 말 잘 들어. 강을 건널 때 절대 얼음 위로 걸어가서는 안 돼. 살얼음이 있어 위험하거든. 얼음이 다 녹은 쪽에 나무로 만든 뗏목을 띄워서 건너가도록 해. 시간은 좀 걸려도 그게 훨씬 안전해."

"알겠어. 그렇게 하지."

존은 빨리 떠나고 싶은 마음에 건성으로 대답했다.

그날 숲을 따라 내려오는 길에 존은 들뜬 마음으로 자신의 미래를 설계하기 시작했다. 돌아가면 학교에 들어가 공부도 하고, 농사지을 땅도 사둬야겠다고 생각했다. 언젠가 자신도 던처럼 권세를 누리며 뭇사람의 존경을 한 몸에 받을 날이 올지도 모를 일이었다.

등에 무거운 짐을 지고 있었지만 마음만은 가벼웠다. 그는 집으로 돌아가면 어머니에게는 새 옷을, 동생들에게는 장난감을 선물할 생각이었다. 그리고 당장 던에게 달려갈 것이다. 아버지가 진 빚을 하루빨리 갚아버리고 싶은 마음이 간절했다.

늦은 오후가 되자 그의 다리가 슬슬 아파오기 시작했다. 등 뒤의 짐도 점점 무게감을 더하는 것 같았다. 그러는 사이 어느덧 강변에 다다랐다. 존은 이제 곧 집에 도착하겠다는 생각에 다시 기운이 났다. 그는 서프의 조언이 떠올랐지만 너무 피곤한 나머지 얼음이 녹은 곳을 찾아다니며 시간을 허비하고 싶지 않았다.

주변을 둘러보던 그는 곧게 자란 커다란 나무를 발견했고 곧장 도끼로 그 나무를 베어냈다. 나무가 옆으로 쓰러지면서 강을 가로지르는 임시 통나무 다리가 생겼다. 그가 발로 툭툭 쳐보니 나무는 꿈쩍도 하지 않았다. 이에 안심한 존은 친구의 충고를 무시하고 지름길을 택하기로 했다. 이 나무 다리로 가로질러 가면 한 시간도 안 걸려 집에 도착할 것이었다.

존은 동물 가죽 꾸러미를 등에 메고 사냥총은 품에 안은 채 나무 위를 걷기 시작했다. 발아래 나무는 별다른 흔들림 없이 버텨주고 있었다. 그러나 중간쯤 왔을 때 급기야 사단이 나고 말았다. 나무가 갑자기 흔들리는 바람에 중심을 잃은 존이 얼음 위로 떨어졌다. 순간 얼음이 쩍 갈라지면서 존은 물속에 빠지고 말았다. 소리 지를 겨를도 없이 순식간에 벌어진 일이었다.

물에 빠지면서 그의 총과 동물 가죽, 사냥 도구들도 여기저기 흩어졌다. 허겁지겁 건져보려고 했지만 물줄기를 따라 사라지고 말았다. 존은 깨진 얼음 조각을 헤치며 기를 쓰고 나아간 끝에 반대편 강변에 도착했다. 그러나 모든 것을 잃어버린 그는 망연자실한 채 눈밭에 눕고 말았다. 그러다가 벌떡 일어나 긴 나뭇가지 하나를 주워 들고 강변을 따라 초조하게 배회하며 물에 빠진 물건들을 찾아다녔다. 하지만 결국 하나도 건지지 못했다.

할 수 없이 그는 빈손으로 집으로 돌아가야 했다. 해가 뉘엿뉘엿 저물어 하늘이 어두워질 무렵 존은 던을 만나러 갔다. 비 맞은 생쥐마냥 온몸이 다 젖은 존은 오들오들 떨면서 던의 집으로 들어가 던에게 그간의 일을 모두 털어놓았다. 던은 아무런 대꾸도 없이 묵묵히 듣고만 있었다. 존의 설명이 끝나자 던이 입을 열었다.

"사람은 모름지기 전문적인 능력 하나쯤은 길러놔야 하네. 자네도 이번 기회에 큰 공부했다고 생각하게. 비록 이번 일이 자네나 나한테 불행한 일이긴 하지만 어쩌겠나? 이만 돌아가 보게."

여름이 되자 존은 미친 듯이 일을 했다. 그는 가족들을 위해 옥수수와 감자를 심어 가꾸고, 틈날 때마다 남의 밭일을 도왔다. 이렇게 해서 5달러를 모았지만 그나마도 고스란히 빚을 갚는 데 써야 했다. 그럼에도 아버

The man who moves a mountain begins by carrying away small stones.

산을 움직이려 하는 이는 작은 돌을 들어내는 일로 시작해야 한다.

지가 법관에게 빌린 빚은 아직 30달러나 남은 상태였다. 게다가 총과 사냥 도구를 사기 위해 빌린 75달러도 빚이었다. 합치면 100달러가 넘는 액수였다. 존은 평생 일해도 그 많은 빚을 다 갚지 못할 것 같았다.

10월의 어느 날, 던이 존을 불러 말했다.

"존, 자네가 나한테 얼마나 많은 빚을 지고 있는지 알고 있지? 내가 자네에게 꿔준 돈을 돌려받을 수 있는 가장 좋은 방법이 뭔지 곰곰이 생각해봤어. 그래서 말인데, 올겨울에 자네에게 사냥할 기회를 다시 한 번 주도록 하겠네. 만일 내가 칠십오 달러를 더 빌려주면 다시 사냥하러 갈 용의가 있는가?"

부끄러워 얼굴을 들지 못하던 존은 머뭇거리다가 한참 뒤에야 입을 열었다.

"그렇게 하겠습니다."

이번에 그는 혼자 숲 속으로 들어가야 했다. 서프는 이미 다른 지역으로 이사를 한 뒤였다. 그러나 그는 인디언 출신인 서프에게서 배운 사냥법들을 모두 기억하고 있었다. 길고 고독한 겨우내 존은 서프가 지은 오두막에 머물며 매일같이 사냥을 나갔다. 이번에는 4월 말까지 숲 속에 머물렀고 셀 수 없이 많은 동물 가죽을 모았다.

마침내 집으로 돌아가는 길, 존은 다시 강변에 다다랐다. 그는 뗏목을 띄워 강을 건너기로 했다. 그러자면 하루가 더 걸렸지만 지난번의 아픈 기억을 되새기며 안전하게 가기로 했다.

집에 도착한 그는 동물 가죽을 팔아 300달러를 벌었다. 존은 사냥 도구를 사려고 던에게 빌렸던 150달러를 단숨에 갚을 수 있었다. 그 후 아버지의 빚도 해결했다.

다시 여름이 왔다. 존은 자신의 밭을 일구면서 그렇게도 바라던 공부를 시작했다. 그로부터 10년간 그는 매년 겨울이면 사냥을 하기 위해 숲 속으로 들어갔다. 그는 동물 가죽을 팔아 번 돈을 허투루 쓰지 않고 꼬박꼬박 저축했다. 결국 그는 악착같이 모은 돈으로 커다란 농장을 샀다.

존은 서른 살이 될 무렵 마을에서 영향력 있는 지주 중 하나가 되어 있었다. 법관 던은 이미 세상을 뜬 후였다. 던은 죽기 전에 저택과 재산을 모두 존에게 물려주었고 그에게 편지 한 장을 남겼다. 편지를 뜯어본 존은 놀라운 사실을 발견했다. 유언을 쓴 날짜는 다름 아닌 존이 처음 사냥을 가면서 던에게 돈을 꿔간 바로 그날이었던 것이다.

던의 편지에는 이런 글귀가 적혀 있었다.

'친애하는 존, 나는 자네 아버지에게 돈을 빌려준 적이 한 번도 없었네. 자네 아버지를 믿을 수 없었기 때문이지. 하지만 자네를 처음 봤을 때부터 난 자네가 마음에 들었다네. 자네는 아버지와는 전혀 다른 것 같았거든. 자네 아버지가 생전에 사십 달러를 꿔갔다고 거짓말한 것은 자네를 한번 시험해보기 위함이었네. 자네는 행운의 사나이일세. 축하하네, 존!'

봉투 안에는 편지와 함께 40달러가 동봉되어 있었다.

성실한 사람은 타인의 호감과 존경을 얻게 마련이며, 부지런한 사람은 반드시 성공으로 보답받게 되어 있다. 부지런하면서 성실한 사람은 마지막 행운을 거머쥐는 주인공이 될 것이다. 이것은 필연이다.